教育信息化时代
高校英语教学改革及发展路径研究

曲志华 马 东◎著

武汉理工大学出版社
·武 汉·

内容提要

本书是关于教育信息化时代高校英语教学改革及发展的研究著作。本书在探讨信息技术、信息技术教育、信息技术与高校英语教学的融合等问题的基础上，阐述了教育信息化趋势下高校英语教学的理论依据和理念建构，进而引出全书的主体内容，即教育信息化趋势下高校英语教学的改革。本书针对我国信息化教育的特点，从学生的实际水平和需要出发，通过丰富的语言素材和适当的学习指导，旨在全面提高高校学生的英语语言能力和自主学习能力，是一本值得学习研究的著作。

图书在版编目（CIP）数据

教育信息化时代高校英语教学改革及发展路径研究 / 曲志华, 马东著. -- 武汉：武汉理工大学出版社, 2024.6. -- ISBN 978-7-5629-7092-7

Ⅰ. H319.1

中国国家版本馆CIP数据核字第2024QB5374号

责任编辑：史卫国
责任校对：杨　昱　　　排　　版：米　乐
出版发行：武汉理工大学出版社
社　　址：武汉市洪山区珞狮路122号
邮　　编：430070
网　　址：http://www.wutp.com.cn
经　　销：各地新华书店
印　　刷：北京亚吉飞数码科技有限公司
开　　本：710×1000　1/16
印　　张：14.25
字　　数：226千字
版　　次：2025年1月第1版
印　　次：2025年1月第1次印刷
定　　价：86.00元

凡购本书，如有缺页、倒页、脱页等印装质量问题，请向出版社发行部调换。
本社购书热线电话：027-87391631　87664138　87523148

·版权所有，盗版必究·

前　言

随着网络时代的发展，教育信息化进程加剧，传统的教学管理也在不断地发生改变。2018年，教育部印发《教育信息化2.0行动计划》，提出要实现从专用资源向大资源转变，从提升学生信息技术应用能力向提升信息技术素养转变，从应用融合发展向创新融合发展转变。同年，教育部发布《教育部关于加快建设高水平本科教育全面提高人才培养能力的意见》，提出以学生发展为第一要务，对教学活动进行革命性改革，推行小班化授课、智慧课堂模式、翻转课堂建设，构建线上线下相结合的教学模式。可见，当代社会要求在教育中运用诸如手机应用软件、线上教学平台、云计算、人工智能等现代信息技术，以促进教育改革。正是在这些信息技术的帮助下，高等教育教学才能够起到优化教学模式、多元化教学媒体、情境化学习环境、趣味化学习过程、多样化评价方式等作用，同时对高校教师也提出了全新的要求，要求教师必须树立正确的教学理念，具备信息技术的理论知识和操作技能，要在实践中不断摸索高等教育教学与信息技术的契合之处，从根本上发挥信息技术的优势和作用。

高校英语教学与教育信息化是互进互促的关系。一方面，推进教育信息化需要有课程来支撑。在高校人才培训方案中，英语课程的定位有公共必修课、公共选修课、专业基础课等，从教者和学习者众多。这些课程实施或推进信息化教学，覆盖面大，影响广。另一方面，高校英语教学肩负用人企业、教育主管部门、学校、家长、学生等多重期望，因此增强教学效能、提升育人价值是其长期以来追求的目标。高校英语教学通过信息化，有望实施"课程革命"，建成健全的数字化、移动化、互动性强的教学资源，全面提升师生信息素养，教法学法在融合应用中创新发展。基于此，作者撰写了《教育信息化时代高校英语教学改革及发展路径研究》一书，以期促进信息化技术和高校英语课程的和谐共生，提升高校英语教学的有效性。

本书共包含八章。第一、二章开宗明义，对教育信息化时代背景与高校英语教学改革的基础知识进行介绍，以为后面章节内容的展开作铺垫。从第三章开始，探讨了教育信息化时代高校英语教学的方方面面。其中第三章分析了教育信息化时代高校英语教学的要素，包括教师信息化素养提升、学生信息化能力培养、数字化教学资源的利用。第四章对高校英语教学内容进行研究，即词汇、语法、听、说、读、写、译、文化各个层面。第五章对高校英语教学过程进行改革，包括教学组织过程、信息化教学方法优化等。第六章对高校英语教学模式进行改革，包括慕课教学、微课教学、翻转课堂教学以及虚拟现实技术与人工智能技术的应用。第七章对高校英语教学评价进行改革，分析了信息化教学评价的内涵、意义、原则与多元化方法。第八章分析了高校英语教学发展的创新路径，即将课程思政教学、生态教学、ESP教学融入高校英语教学之中，实现高校英语教育的创新发展。

总体来说，本书从教育信息化这一时代视角出发，结合高校英语教学的特点，探究了如何在教育信息化时代背景下创新高校英语教学的方式方法。从内容上看，本书脉络清晰、层次分明，在教育信息化时代背景下逐层论述，深入探讨高校英语教学数字化转型的相关问题。本书很好地做到了理论与实践相结合，使师生能够在教育信息化理论的指导下进行高校英语教学和学习，同时语言生动朴实，便于理解。无论是对高校英语教师、学生还是相关教学研究者来说，本书都具有一定的参考和借鉴价值。

当前，教育信息化的前景非常诱人，但挑战不容小觑。面对教育信息化，各大高校应该理清英语教学中的各项问题，本书也尽可能地阐明理论，提出路径，希望能为新时代教育信息化背景下的高校英语教学提供新思路与新做法。

全书由曲志华、马东撰写，具体分工如下：

第三章、第六章至第八章，共10.5万字：曲志华（辽宁朝阳师范学院）；

第一章、第二章、第四章、第五章，共10.3万字：马东（天津传媒学院）。

本书在写作的过程中搜集了诸多相关的文献资料，在书中引用了很多专家、学者的观点，在这里致以诚挚的谢意，并将相关参考资料列于书后，如有遗漏，敬请谅解。由于作者学识有限，书中疏漏之处在所难免，恳请广大读者不吝指正。

作者

2023年12月

目　录

第一章　教育信息化时代背景阐释　　　　　　　　　　　　　1
　　第一节　教育信息化与现代教育的内涵　　　　　　　　　　2
　　第二节　教育信息化发展的战略与规划　　　　　　　　　　7
　　第三节　信息化时代现代教育教学的理论基础　　　　　　 11

第二章　高校英语教学改革综述　　　　　　　　　　　　　 21
　　第一节　高校英语教学的内涵与原则　　　　　　　　　　 22
　　第二节　高校英语教学的现状　　　　　　　　　　　　　 29
　　第三节　高校英语教学改革的目的与理念　　　　　　　　 32

第三章　教育信息化时代高校英语教学的要素　　　　　　　 43
　　第一节　高校英语教师信息化素养的提升　　　　　　　　 44
　　第二节　高校英语教学中学生信息化能力的培养　　　　　 53
　　第三节　高校英语教学数字化教学资源的利用　　　　　　 60

第四章　教育信息化时代高校英语教学的内容　　　　　　　 75
　　第一节　高校英语词汇与语法教学　　　　　　　　　　　 76
　　第二节　高校英语听说与读写教学　　　　　　　　　　　 82
　　第三节　高校英语翻译与文化教学　　　　　　　　　　　100

第五章　教育信息化时代高校英语教学过程的改革　　111

　　第一节　教学过程的本质　　112
　　第二节　高校英语教学的基本组织过程　　113
　　第三节　高校英语教学信息化教学方法及其优化选择　　121

第六章　教学信息化时代高校英语教学模式的改革　　137

　　第一节　微课教学、慕课教学和翻转课堂教学　　138
　　第二节　虚拟现实技术在高校英语教学中的应用　　152
　　第三节　人工智能技术在高校英语教学中的应用　　165

第七章　教育信息化时代高校英语教学评价的改革　　173

　　第一节　高校英语教学评价简述　　174
　　第二节　教育信息化时代高校英语教学评价的意义与原则　　176
　　第三节　教育信息化时代高校英语教学评价的多元化策略　　181

第八章　教育信息化时代高校英语教学发展的创新路径　　193

　　第一节　教育信息化时代高校英语课程思政建设　　194
　　第二节　教育信息化时代高校英语生态课堂构建　　198
　　第三节　教育信息化时代高校英语ESP教学创新　　207

参考文献　　211

第一章　教育信息化时代背景阐释

　　教育信息化对英语教育产生了深远的影响，这些影响不仅体现在教学内容和方式的变革上，还体现在教师角色、学生主体地位、教育资源普及和共享以及推动教育改革和创新等方面。这些影响有助于提高英语教育的质量和效率，促进英语教育的公平和发展。同时，我们也需要不断探索和创新教育数字化的应用和发展，以更好地满足未来社会对人才的需求。

第一节 教育信息化与现代教育的内涵

一、教育信息化

（一）信息化

信息化是现代信息技术和社会经济互动发展的产物，是和工业化相联系的。20世纪60年代，"信息化"一词在日本迅速流行，它是由日本学者基于社会和产业结构的发展提出的。日本学者梅棹忠夫于1963年发表《信息产业论》，第一次提出"信息化"这个概念，为"信息革命"与"信息社会"描绘出了新的图景。而"信息化"的正式提出是在1967年日本科学技术与经济协会所作的关于经济发展的研究。"信息化"被定义为向拥有先进信息产业并在产业结构中占据主导地位的社会（信息社会）过渡的动态过程。虽然这个定义并不够全面，但它为后来的信息化理论研究及其实际应用，即"信息产业"确定了基本方向。从那时起，特别是从20世纪80年代初开始，随着A.托夫勒的《第三次浪潮》[①]和J.奈斯比特的《大趋势：改变我们生活的十个新方向》[②]的出版，以及20世纪90年代初美国信息高速公路项目的启动，"信息化"这个词已经被广泛认可和使用。目前，人们对信息化的理解不一。在技术层面上，信息化指信息技术的传播和应用过程；在知识层面上，信息化指开发和利用信息资源的过程；在产业层面上，信息化指信息产业的增长和发展过程。"化"描述了一个历史和动态的过程，即从一种状态过渡到另一种状态的过程。因此，信息化一般是一个与信息技术的发展和应用相关的动

---

① 阿尔温·托夫勒.第三次浪潮[M].北京：生活·读书·新知三联书店，1983.
② 约翰·奈斯比特.大趋势：改变我们生活的十个新方向[M].北京：中国社会科学出版社，1984.

态变化过程。①

本书在现有研究的基础上得出以下结论：信息化就是依靠信息技术进行信息资源开发，优化业务流程以提高工作效率、推动经济和社会发展的动态过程。信息技术的持续发展和进步正逐渐成为社会发展的主要动力。新一轮的技术创新和产业转型正在重塑所有行业的生态，信息技术正在跃升到数字层面，使新的互动、生产和感知形式成为可能，换句话说，就是信息化过程的"数字化"，数字化已成为各行各业转型提升的重要方向。数字技术创新正在刺激和加速全球数字转型，数字政府、数字经济和数字社会的发展是数字时代的主要特征②，利用数据资源作为重要生产要素的数字化转型在各行各业蓬勃发展，成为数字经济时代的新发展模式。③

（二）教育信息化及其特点

教育信息化有两层含义：一是把提高信息素养纳入教育目标，培养适应信息社会的人才；二是把信息技术手段有效应用于教学管理与科研，注重教育信息资源的开发和利用。教育信息化的核心内容是教学信息化。教学是教育领域的中心工作，教学信息化就是要使教学手段科技化、教育传播信息化、教学方式现代化。概括来说，教育信息化主要有以下几个显著特点。

1. 智能化

智能化的教育信息系统能够根据学生的不同特点和需求，提供个性化的教学方案，实现因材施教。通过人工智能技术，系统可以自动分析学生的学习情况，给出相应的反馈和建议，同时也可以根据学生的学习进度和掌握情况，自动调整教学方案和内容，以更好地适应学生的学习需求。

此外，智能化的教育信息系统还可以实现多种感官的刺激，提高学生的

---

① 祝智庭，胡姣. 教育数字化转型的本质探析与研究展望[J]. 中国电化教育，2022（4）：1-8+25.
② 章燕华，王力平. 数字化转型背景下的档案信息化发展战略：英国探索、经验与启示[J]. 档案学通讯，2021（4）：28-35.
③ 马名杰，戴建军，熊鸿儒. 数字化转型对生产方式和国际经济格局的影响与应对[J]. 中国科技论坛，2019（1）：12-16.

学习效果。通过多媒体技术，系统可以呈现出生动、形象的画面和声音，吸引学生的注意力，提高他们的学习兴趣和参与度。同时，系统也可以根据学生的反馈和表现，自动调整教学内容和方法，以达到更好的教学效果。

2. 主体化

传统教育通常是以教师为中心，学生处于被动学习的状态，缺乏主动性和参与性。智能化的教育信息系统利用多媒体化等新技术手段，使学生不再仅仅是知识的接受者，而可以通过多种方式积极主动地建构知识，开展协商学习和合作式学习。

在智能化的教育信息系统中，学生可以通过超文本、超媒体等电子教材和其他手段、工具，自主选择学习内容和方式，更好地发挥主观能动性，实现个性化学习。同时，系统还可以根据学生的学习情况，自动调整教学方案和内容，提供及时的反馈和建议，以帮助学生更好地掌握知识和技能。

在信息技术支持下，学生可以借助计算机开展合作式学习。这种学习方式可以激发学生的学习兴趣和动力，培养他们的团队协作能力和问题解决能力。同时，学生还可以通过与同伴或教师开展协商学习，提高沟通交流能力，并提升批判性思维。

3. 数字化

随着现代信息技术的发展，教育信息系统使用的设备更加简单、性能更加可靠、标准更加统一。通过使用数字化技术，系统可以只使用1和0两个代码进行信息处理，这使系统的集成度更高，处理速度更快，同时也提高了信息的保真度和存储容量。

数字化技术的使用使教育信息系统可以更加高效地处理和存储各种形式的信息，包括文本、图片、音频、视频等。同时，系统还可以实现信息的快速传输和共享，提高了信息的使用效率和价值。

此外，现代信息技术的发展还促进了教育信息处理系统的智能化和自动化。系统可以通过人工智能和大数据分析等技术，自动分析学生的学习情况和发展趋势，提供个性化的教学方案和反馈建议，同时也可以实现自动化评估和考核等功能，提高了教育的质量和效率。

4. 多媒体化

多媒体技术可以整合各种表征信息的媒体，包括文字、图片、声音、动画、录像、模拟等。这种整合使教学内容更加生动化、形象化，更能吸引学生的注意力，调动他们学习的积极性。通过多媒体技术，教师可以根据不同的教学内容和目标，选择适合的媒体形式，将它们有机地结合起来，形成生动有趣的教学内容。例如，在讲述历史事件时，教师可以利用图片、动画和录像等媒体形式，重现历史事件的发生过程，让学生更加深入地了解历史事件的背景、经过和影响。在讲述自然科学知识时，教师可以利用模拟实验和动画等媒体形式，演示自然现象的形成过程和变化规律，帮助学生更加深入地理解自然科学知识。

多媒体技术的支持还可以为学生提供更加丰富的学习资源和多样化的学习方式。例如，通过互联网和数字化图书馆等资源，学生可以获取大量的学习资料和信息。同时，学生还可以通过在线学习和远程教育等方式，实现自主学习和个性化学习。

5. 立体化

网络技术的应用使得教育信息资源可以立体化传输，包括文字、图片、音频、视频等多种形式的信息。这种立体化的传输方式可以更加生动形象地呈现知识，提高学生的学习兴趣和参与度。同时，网络技术还可以实现信息的双向传输和交互，使学生和教师之间可以更加便捷地进行交流和合作，提高教育的效果和质量。

二、现代教育

（一）教育的起源

教育有四种起源论，分别为劳动起源论、生物起源论、社会实践起源论和心理起源论。

1. 劳动起源论

劳动起源论认为劳动创造了人类和社会。劳动过程的复杂性要求通过教育把人类积累的经验传授给下一代，考古学和人类学研究证明，在人类原始时代，教育活动就已经存在了，教育是一种永恒的社会现象。这种观点强调了劳动在人类教育起源中的决定性作用，并从生产劳动的角度揭示了教育的起源。

2. 生物起源论

生物起源论认为教育是物种进化过程中形成的人类和动物共有的本能行为。这种观点把教育视为一个生物过程，把教育归结为生物适应环境的过程，把教育起源归结为动物的本能行为。

3. 社会实践起源论

社会实践起源论认为教育起源于原始社会人的社会实践或社会实际生活需要。这种观点强调了人类社会的实践性和教育在社会生活中的重要作用，认为教育的产生是人类社会实践的必然产物。

4. 心理起源论

心理起源论认为教育最初起源于原始人类的那种具有教育意味的无意识模仿。这种观点把教育看作人的心理活动过程，强调人的心理活动与动物的心理活动的根本区别，认为教育的任务在于发展人的心理。

（二）现代教育的功能

教育功能是指教育活动和系统对个体发展和社会发展所产生的各种影响和作用。它涵盖了教育的不同方面，包括教育的内部功能和外部功能。

内部功能是指教育对个体发展的影响和作用，包括智育、德育、体育等方面。这些功能旨在促进学生的知识、技能、情感、身体等方面的全面发展，帮助学生成为有知识、有能力、有责任感、有良好品德的人。

外部功能是指教育对社会发展的影响和作用，包括政治、经济、文化等方面。这些功能旨在促进社会的经济繁荣、政治稳定、文化传承等方面的发展，为社会培养出适应社会需要的人才。

同时，教育功能还可以分为显性功能和隐性功能。显性功能是指教育活动和系统所直接产生的结果，如知识的传授、技能的培养等；隐性功能则是指教育活动和系统所产生的间接结果，如学生的思想变化、社会关系的改善等。

总之，教育功能是一个复杂的概念，它涵盖了教育的各个方面和结果，旨在促进个体发展和社会发展。

第二节　教育信息化发展的战略与规划

一、教育信息化的发展战略

我国信息化发展的战略方针是"统筹规划、资源共享，深化应用、务求实效，面向市场、立足创新，军民结合、安全可靠"。这一方针是在总结我国信息化发展经验的基础上提出的，是指导我国信息化发展的重要原则，也是指导我国教育信息化发展的重要战略。

（一）统筹规划

信息化发展需要统筹规划，制定总体发展战略和计划，明确发展目标、重点和措施，避免重复建设和资源浪费。

（二）资源共享

信息化发展需要加强资源共享，促进信息资源的整合和共享，提高信息利用效率，避免信息孤岛和重复投入。

（三）深化应用

信息化发展需要深化应用，将信息技术广泛应用于经济、社会、文化、教育等领域，提高信息化对经济社会发展的支撑作用。

（四）务求实效

信息化发展需要务求实效，注重信息化建设的实际效果，提高信息化对政府、企业和个人的服务能力，促进经济社会发展。

（五）面向市场

信息化发展需要面向市场，适应市场需求和发展趋势，发挥市场机制的作用，推动信息化建设和发展。

（六）立足创新

信息化发展需要立足创新，加强信息技术研发和创新，推动信息化与工业化深度融合，提高国家核心竞争力。

（七）军民结合

信息化发展需要军民结合，推动军民融合发展，提高国防和安全保障能力。

（八）安全可靠

信息化发展需要保障信息安全，加强信息安全保障体系的建设和管理，确保国家信息安全。

总之，这一战略方针是我国信息化发展的重要指导思想，需要在实际工作中贯彻落实。

二、教育信息化的发展规划

（一）依靠教育信息化，实现高等教育的跨越式发展

依靠教育信息化实现高等教育的跨越式发展是一个复杂而又必要的任务。教育信息化可以为高等教育提供许多优势，如提高教学质量、促进科研创新、优化教育资源管理等。为实现高等教育的跨越式发展，提出以下几个建议。

1. 建设数字化校园

数字化校园是教育信息化的重要基础，包括校园网络、数据中心、云计算平台、移动应用等。通过建设数字化校园，可以促进信息技术与教育教学的深度融合，提高教育教学的效率和质量。

2. 推广在线教育

在线教育可以突破时间和空间的限制，提供更加灵活和个性化的学习方式。通过建设高质量的在线课程和开展在线教学活动，可以扩大高等教育受众面，提高教育资源的利用效率。

3. 实施数字化科研

数字化科研可以促进科研的信息化和智能化，提高科研的效率和质量。通过建设数字化科研平台，可以汇聚科研资源和力量，推动跨学科、跨领域的合作和创新。

4. 优化教育资源管理

教育信息化可以提高教育资源管理的效率和精度，优化教育资源的配置和使用。通过建设数字化教育资源库和教育管理平台，可以实现教育资源的共享和优化，提高高等教育的整体水平。

5. 加强教师培训

教师是推进高等教育信息化的重要力量。通过开展定期的教师培训和技术交流活动，可以提升教师的信息技术能力和水平，推动信息技术与教育教学的深度融合。

6. 创新合作模式

高等教育信息化需要创新合作模式，促进高校之间、高校与企业之间的合作和交流。通过建立合作机制和搭建合作平台，可以汇聚优势资源和力量，推动高等教育的协同发展和共赢。

（二）完善资源库建设，实现资源共享

目前的学科整合存在一些挑战，其中之一就是资源共享的问题。这不仅涉及技术层面的限制，也涉及观念和合作机制的问题。在实现资源共享方面可以考虑以下策略。

1. 建立共享平台

学校或地区可以建立一个共享平台，用于存储和共享各类教育资源。既可以是一个在线的资源库、云存储平台，也可以是一个数字化的教育资源管理系统。

2. 制定资源共享政策

政策是推动资源共享的重要手段。学校或地区应该制定相关的政策，鼓励和要求教师共享他们的资源。同时，也可以设立一些奖励机制，表彰那些在资源共享中作出积极贡献的教师或团队。

3. 培训教师

许多教师可能对如何有效地共享和使用数字化资源感到不熟悉。因此，提供相关的培训和技术支持是必要的。这不仅可以帮助教师了解如何上传和共享他们的教学资源，也可以有效地使用这些资源来提高教学质量。

4. 建立合作机制

实现区域范围内的资源共享需要建立跨学校、跨地区的合作机制。可以通过定期的研讨会、交流活动等方式来实现。同时，也可以考虑建立校际或地区间的资源共享联盟，以促进更紧密的合作。

5. 转变观念

改变教师和学校领导对于资源共享的观念是至关重要的。需要让他们理解，资源共享不仅是一种责任，也是一种机会。通过共享资源，他们可以扩大自己的教学影响力，提高教学质量，同时也可以从其他教师的资源中学习

和获得灵感。

如果不能实现资源共享，教育信息化确实会失去其意义，也无法实现全方位的教育现代化。因此，建立有效的资源共享机制是推进教育信息化建设的关键步骤之一。需要我们从技术、政策、培训、合作和观念等多个方面入手，全面推动资源共享的实现和发展。

第三节　信息化时代现代教育教学的理论基础

一、视听教育理论

（一）视听教育理论的核心——"经验之塔"

视听教育理论的心理基础有三个，即经验之塔理论、视感知规律和听感知规律。下面将对视听教育理论的核心——"经验之塔"进行简要阐述。

经验之塔理论是由美国教育家戴尔在1946年提出的，它是一种关于学习方法和学习效果的理论。戴尔认为，人们学习知识主要通过间接经验获得，即通过听、看、实践等方式获得知识和技能。同时，他认为学习应该从具体经验入手，逐步过渡到抽象经验，这样可以提高学习效果和质量。

经验之塔理论把学习分为三个大类：做的经验、观察的经验和抽象的经验。

1. 做的经验

经验之塔是一个层次分明的模型，从最底层的直接有目的的经验到顶层的抽象经验。其中，"做"的经验位于经验之塔的底部，强调通过实践从做中去获得经验。这种经验包括三个层次。

第一，直接有目的的经验。通过直接接触真实事物本身而获取的具体的、丰富的经验。例如，通过观察真实的花朵、触摸真实的木材等来获得对真实事物直接、具体的感知和经验。

第二，设计的经验。通过学习标本、模型等间接材料而获得的。虽然这些标本和模型是人工设计和仿造的，与真实事物在大小和复杂程度上存在差异，但它们是"真实的改编"，可以帮助人们更容易地理解和领会真实的事物。例如，在学习生物学时，通过观察模型或标本，可以更好地理解真实生物的结构和功能。

第三，演戏的经验。这是通过演戏或表演而获得的那些在正常情况下难以获得的经验。例如，通过表演历史剧来理解历史事件的背景和人物角色，或者通过模拟法庭来了解司法程序和法律规则。

总之，"做"的经验强调了实践和学习之间的重要关系。通过亲身实践，学习者能够从做中去获得具体、丰富的经验，从而更好地理解和掌握知识。同时，设计的经验和演戏的经验也是获取经验的重要途径，它们通过间接的方式帮助学习者获得难以直接获取的经验。

2. 观察的经验

观察的经验位于经验之塔的中间位置，强调通过观察别人的行为、活动或事物来获得经验。这种经验包括以下五个层次。

第一，观摩示范。通过观察别人如何做某件事或完成某个任务，学习者可以获得如何进行该活动的直接经验。观摩示范可以是现场观察，也可以是通过视频或演示文稿等媒介进行观察。学习者可以了解别人的操作过程、技巧和方法，从而模仿并应用于自己的实践中。

第二，学习旅行。通过野外学习旅行对真实事物和各种景象进行观察，学习者可以获得对真实世界的直接经验。这种旅行通常涉及对自然环境、历史文化遗址、社会现象等的观察和研究，让学习者通过亲身观察和体验来获得对真实世界的深入理解。

第三，参观展览。通过参观各种展览，学习者可以观察陈列的材料、展品和展板等，从而获得对特定主题或领域的直接经验。展览可以是博物馆、艺术展览、科技展览等，涉及各种主题和领域。学习者可以通过观察展品、阅读相关说明和与展品互动等方式来获取经验。

第四，电视和电影。通过观看电视和电影等媒体作品，学习者可以获得对特定情境和事件的间接经验。这些经验是替代性的，因为它们是通过媒体获得的而非直接观察现实所获得。然而，它们能够为学习者提供对历史事件、文化背景、虚构故事等的深入了解和体验。

第五，广播、录音和静止画面。这些是通过听觉或视觉的方式获得的经验。它们可以是广播节目、录音资料或静态图片等，使学习者能够通过听或看来获取间接经验。这些经验的抽象层次比电视和电影要高一些，因为它们没有提供与电视和电影类似的视听效果和情景模拟。

3.抽象的经验

"抽象"的经验位于经验之塔的顶部，是抽象层次最高的经验。抽象的经验包括两个层次：视觉符号和语言符号。

第一，视觉符号。这种符号主要是指表达一定含义的地图、示意图、图表等抽象化的符号。它们几乎完全不同于现实中的事物，是一种抽象的代表。例如，地图是一种视觉符号，它用抽象的图形和文字表示地理信息和位置关系。

第二，语言符号。这是一种抽象化地代表事物或观念的符号，包括口头语言和书面语言两种形式。语言符号本身虽然是抽象的，但在使用时是和经验之塔的所有其他材料一起发挥作用的。通过语言符号，人们可以表达思想、情感和经验，从而在更高级的层次上进行交流和理解。

在经验之塔理论中，学习应该从具体经验开始，逐步过渡到抽象经验。也就是说，学习者应该先从实际经验中获得直接经验，然后通过观察别人的行为和活动获得观察经验，最后通过学习符号、语言文字等抽象事物获得抽象经验。

经验之塔理论对教育实践具有重要的指导意义。首先，教育教学应该从具体经验入手，逐步过渡到抽象经验，这样可以提高学习效果和质量。其次，对于低龄儿童，应该大量增加直接经验，再次是观察经验，这样可以更好地促进他们的认知发展。最后，游学是有益的，读万卷书即抽象的经验，行万里路即观察的经验和做的经验，这两者相结合可以更好地促进学生的综合素质发展。

（二）视听教育理论对现代教育技术的影响

视听教育理论对现代信息技术教育的影响深远，具体表现在以下三个方面。

首先，视听教育理论强调学习经验的抽象与具体之间的转换。这种观点对于现代信息技术教育有着重要的启示。现代信息技术教育利用数字媒体和互联网技术，将抽象的知识点以更直观、具体的方式呈现给学习者。例如，通过多媒体课件、在线视频、虚拟现实等技术手段，将抽象的知识点以图像、声音、动画等形式呈现，帮助学习者更好地理解和记忆。同时，现代信息技术教育也强调培养学习者的抽象思维和创新能力，通过引导学习者进行探究性学习、问题解决学习等方式，促进学习者从具体思维向抽象思维的转换。

其次，视听教育理论为视听教材的分类和选择提供了重要的依据。在现代信息技术教育中，各种数字媒体和互联网技术的应用使教学内容更加丰富多样，同时也需要根据不同的教学目标和教学内容选择合适的教学媒体。视听教育理论为视听教材的分类和选择提供了有益的参考，教育者可以根据不同教学媒体所能提供的学习经验的具体或抽象程度，选择合适的教学媒体，以更好地满足学习者的需求并提高教学效果。

最后，视听教育理论对现代信息技术教育的实践和研究具有重要的指导作用。现代信息技术教育注重利用数字媒体和互联网技术来优化教学过程和提高教学质量，而视听教育理论则为这种实践和研究提供了重要的理论支撑和实践指导。例如，在利用数字媒体进行教学过程中，如何设计教学内容、如何选择合适的教学媒体、如何评估教学效果等问题，都需要借助视听教育理论来进行深入研究和探讨。

二、教育传播理论

教育传播是由教育者按照一定的目的和要求，选定合适的信息内容，通过有效的媒体通道，把知识、技能、思想、观念等传送给特定的教育对象的一种活动。它旨在让学习者通过接受信息，从而掌握知识、技能和树立正确的价值观。教育传播是教育系统的重要组成部分，对于提高教育质量和效果具有至关重要的作用。

（一）教育传播的特点

概括来说，教育传播具有以下特点（表1-1）。

表1-1　教育传播的特点

教育传播的特点	具体阐述
目的性	教育传播的目的明确，旨在传播特定的知识和技能，达到一定的教育目标
特定性	教育传播的对象是特定的，即针对特定的学生或学习者群体
媒体多样性	教育传播可以利用多种媒体进行，如教材、多媒体资源、网络等
双向互动性	教育传播是一种双向互动的过程，教育者与学习者之间需要相互交流和反馈，以更好地实现教育目标
动态性和序列性	教育传播是一个动态的过程，需要按照一定的序列进行，即遵循其内在的逻辑顺序和结构，如教育内容应按照从易到难的顺序进行传递
效果反馈	教育传播的效果需要进行评估和反馈，以了解传播的效果是否达到预期的目标

（二）教育传播的基本原理

教育传播的基本原理主要包括以下四点。

1. 重复作用原理

重复作用的主要原理是，通过多次呈现同一个概念，人们可以在不同的情境下更好地理解和记忆这个概念。这种重复呈现可以是在不同的场合、使用不同的词汇、通过不同的方式等。例如，在学习一门新的语言时，学习者可以通过在不同的情境下使用这种语言，例如，在课堂上、在日常生活中、在社交场合等，来加深对这种语言的理解和记忆。重复作用也可以帮助人们更好地应用知识。通过在不同的情境下重复应用同一个概念，人们可以更好地掌握这个概念的应用技巧和方法。

2.信息来源原理

权威人士或信誉良好的人所提供的信息更容易被人们接受，这是因为在社会中，人们往往认为这些人的信息更加可信、准确和有用。在教育传播中，教师作为重要的信息来源之一，需要树立起自身的良好形象，赢得学生的认可和信任。只有这样，学生才会更容易接受教师所传递的信息。

为了树立良好的形象，教师需要具备良好的专业素养和道德品质，包括广博的知识储备、高效的教学技能、良好的师德师风等。同时，教师还需要注重个人形象和言行举止，做到严谨自律、言行一致，成为学生的表率和榜样。

此外，教师在教学中所使用的资料也必须具有正确、真实、可靠的来源。教师需要对资料进行充分的核实和筛选，确保所使用的资料符合学术规范和道德标准。同时，教师还需要加强资料的更新和修正，及时更新教学资料，保持信息的准确性和时效性。

3.抽象层次原理

相关研究表明，符号的抽象层次越高，其表达的具体意义就越广泛，但也更容易引起误会。在教育传播中，教师需要注意控制信息符号的抽象程度，确保学生能够理解和接受。

当教师使用抽象的符号或概念时，需要充分考虑学生的背景知识和理解能力。如果学生缺乏必要的背景知识或理解能力，他们可能会对抽象的符号或概念感到困惑或误解。因此，教师需要使用简单、直观的语言和例子来解释这些符号或概念，帮助学生理解其含义和应用。

此外，教师还可以通过多种方式来降低信息符号的抽象程度。例如，教师可以利用图像、图表、动画等直观的方式来呈现信息，帮助学生更好地理解和记忆。教师还可以通过实例和案例来解释抽象的概念或理论，使学生更容易将其应用于实际生活中。

4.共同经验原理

教育传播从本质上来说就是传递与交换信息的过程。这个过程涉及教育者将特定的知识、技能和思想传递给学生的环节。为了保证教育传播的良好效果，教育者和学生之间必须具备共同的经验范围。

共同的经验范围是指教育者和学生之间对于某个领域的知识、技能和思想有着共同的认知和理解。这种共同的经验范围可以帮助学生更好地理解和掌握知识，同时也能够促进师生之间的交流和互动。

如果教育者和学生之间没有共同的经验范围，那么教育传播的效果就会大打折扣。例如，如果教师对于某个领域的知识非常精通，但学生对于这个领域一无所知，那么教师就很难将这个领域的知识有效地传递给学生。相反，如果学生对于某个领域已经有一定的了解和认知，但教师对于这个领域一无所知，那么学生就很难从教师那里获得更多的知识和技能。

因此，为了保证教育传播的良好效果，教育者和学生之间需要建立共同的经验范围。这需要教育者具备广博的知识储备和教学技能，同时也需要学生具备一定的前置知识和学习能力。只有建立了共同的经验范围，才能够更好地实现教育传播的目标，提高教育质量和效果。

（三）教育传播的模式

教育传播模式主要包括以下四种。

1.香农—韦弗传播模式

香农—韦弗传播模式是一种描述信息传播过程的数学模型，最初是由香农和韦弗在1949年提出的。这种传播模式最初是单向的，后来加入了反馈系统而成为双向封闭的形态。

在香农—韦弗传播模式中，发射器的主要作用是进行编码，即将信息转化为可以通过传播渠道进行传递的信号；接收器的主要作用是进行译码，即将接收到的信号转化为信息。噪声指的是对信息传播有所干扰的所有信息，包括各种干扰信号、噪音和其他干扰因素。

香农—韦弗传播模式能够解释许多人类传播过程，例如教学过程中的信息传递。在教学模式中，教师作为信息的发射器，将信息编码成适合学生接收的形式，并通过教学媒体（如教材、黑板、投影仪等）传递给学生。学生作为接收器，接收并译码这些信息，从而形成自己的知识。同时，学生也可以通过作业、提问等方式向教师反馈信息，形成双向交流。

然而，香农—韦弗传播模式也存在一些局限性。首先，它忽略了人和社会的因素对传播过程的影响。其次，它假设传播过程中不存在误差或干扰，这与实际情况存在一定的差距。最后，它只适用于单向和双向的线性传播过程，而无法解释复杂的非线性传播现象。

2. 拉斯韦尔模式

拉斯韦尔模式（Larswell Model）又称"5W"传播模式，是由美国政治学家拉斯韦尔于1948年提出的一种传播模式。这个模式清晰地揭示了传播的基本过程，包括谁（Who）、说了什么（Say What）、通过什么渠道（In Which Channel）、向谁说（To Whom）、有什么效果（With What Effect）五个要素。

谁（Who）：指的是传播者，即信息的发起者或发送者。

说了什么（Say What）：指的是传播内容，即信息本身。

通过什么渠道（In Which Channel）：指的是传播媒介，即信息传递的渠道和途径。

向谁说（To Whom）：指的是传播对象，即信息的接收者或受众。

有什么效果（With What Effect）：指的是传播效果，即信息对受众产生的影响和作用。

拉斯韦尔模式的优点在于它清楚地揭示了传播过程的主要因素，并有助于理解不同传播情境下的传播行为。然而，它也存在一些局限性，例如它忽略了传播过程中的反馈和互动因素，以及受众的主动性和选择性。因此，在实际应用中需要结合具体情况进行灵活运用和修正。

3. 贝罗传播模式

贝罗传播模式（Berlo's Model）是一种综合了多种学科理论，包括哲学、心理学、语言学、人类学、大众传播学和行为科学，以解释传播过程中的四个要素的模式。这四个要素分别是信源（传播者）、信息、通道和接收者。

信息源（Source），即信源，指的是信息的发起者或发送者。在传播过程中，传播者需要考虑到自身的传播技巧、态度、知识水平。同时，传播者在社会中的地位、影响与威信，以及学历、经历与文化背景等因素也会对传播效果产生影响。

信息（Message），即信息的内容和结构。在传播过程中，传播者需要对信息进行编码，即将信息转化为可以通过传播渠道进行传递的信号。这些信号可能包括语言、文字、图像与音乐等符码。除了信息成分外，信息的结构也是影响传播效果的重要因素。

通道（Channel），即信息传递的渠道和途径。在传播过程中，通道的选择和设置对于信息的传递和接收都非常重要。不同的通道有不同的特点和使用方式，传播者需要根据具体情况选择适合的通道进行信息传递。

接收者（Receiver），即信息的接收者或受众。在传播过程中，接收者可以变成传播者，传播者也可以变成接收者。因此，影响接收者的因素与传播者相同。接收者对于信息的接收和处理会受到自身文化背景、知识水平、心理状态等因素的影响。

贝罗传播模式明确而形象地说明了影响信息源、接收者和信息实现其传播功能的条件。它强调了传播过程的双向性和互动性，以及传播过程中各要素之间的相互影响和作用。同时，贝罗传播模式也提醒我们注意传播过程中存在的各种干扰因素和不确定性因素，如噪音、干扰信号等，这些因素会对传播效果产生重要影响。

总之，贝罗传播模式是一种非常重要的传播理论，它为我们理解和解释传播过程提供了有益的框架和工具。通过深入研究和应用贝罗传播模式，我们可以更好地理解传播过程中的各种要素和环节，提高传播效果和质量。

4.施拉姆传播模式

施拉姆传播模式由施拉姆提出，是一种传播过程模型，它强调了传播的互动性和双向性。

在施拉姆传播模式中，传播者和受众是相互作用的，并且传播过程是一个循环的过程。传播者通过发出信息来传递信息，受众接收到信息后会对信息进行解读和理解，并将反馈传递给传播者。这个循环过程可以反复进行，不断调整和优化传播效果。

施拉姆传播模式的优点在于它强调了传播的互动性和双向性，突出了受众在传播过程中的地位和作用。同时，它也揭示了传播过程中存在的多种因素和变量，这些因素和变量会影响传播的效果和质量。

然而，施拉姆传播模式也存在一些缺陷。首先，它过于简化了一些复杂的社会和心理现象，无法全面解释所有的传播行为和过程。其次，它忽略了传播过程中存在的许多干扰因素和不确定性因素，如噪音、干扰信号等，这些因素会对传播效果产生重要影响。

（四）教育传播的过程

教育传播的过程是一个由教育者借助教育媒体向受教育者传递与交换教育信息的过程，可以分为以下六个阶段。

1. 确定教育传播信息

教育者根据教学目标和教育需求，确定需要传递的教育信息，包括知识、技能、思想、观念等信息内容。

2. 选择教育传播媒体

根据受教育者的特点和教育信息的性质，选择适合的传播媒体，如文字教材、视听教材、多媒体教材等。

3. 通道传送

通过选择的传播媒体，将教育信息传递给受教育者，可以通过课堂教学、广播电视、互联网等多种渠道进行传播。

4. 接受与解释

受教育者接受并解释传递过来的教育信息，通过听觉、视觉、触觉等多种感官来感知信息，并根据自己的经验和理解来解释和加工信息。

5. 评价与反馈

受教育者对接收到的教育信息进行评价和反馈，包括对信息的理解程度、掌握程度和应用情况等。同时，教育者也可以根据受教育者的反馈和评价，对教学过程进行调整和优化。

6. 调整再传送

根据评价和反馈的结果，教育者对传递的教育信息进行调整和改进，再次进行传播。这个过程可以反复进行，直到达到预期的教学目标和学习效果。

在教育传播的过程中，每个阶段都有其特定的任务和要求，需要教育者和受教育者共同努力和配合，才能够实现有效地教学和学习。

第二章　高校英语教学改革综述

现阶段由于各种因素影响，大部分学生对于英语知识的学习只停留在表面，缺少抽象思维与推理能力，部分学生的英语学习问题日益凸显，甚至个别学生对英语学习失去信心。因此，教师应该为学生制定长远的教学规划，不仅要巩固学生的英语基础知识，提高应用能力，还要努力培养学生情感价值态度。本章重点研究高校英语教学改革方面的内容。

第一节　高校英语教学的内涵与原则

一、高校英语教学的内涵

（一）教学的内涵

教是教师的行为和动作。教的意义一般指"讲授""教授""传授"等，当然还可以指代教学。前者指的是古老的教授，后者是将教作为一门职业对待。英语中，常用teach来指代教，有的时候还用instruct，因为instructor是教师的一种角色，而且有些学者认为这还是主要角色。

就教的内容而言，可以包含知识、课程等。就教的主观性来说，可以是有意识地教，如"Professor Widdowson teaches us discourse analysis."；也可以是无意识地教，如"The incident taught him a lot about the nature of the superpower."这种研究深受第二语言习得理论的影响。

21世纪是信息化、全球化的时代，为迎接新世纪的挑战，我国高校英语教学经过多次调整，在教学研究和实践中出现了一些新的理念。当今的高校英语教学呈现了以下几个新的特点。[1]

首先，当代的高校英语教学以创新作为教学理念。

其次，高校英语教学更加注重培养学生的跨文化意识。

最后，高校英语教学注重与互联网相结合。

---

[1] 段建敏. 英语教学实践与反思[M]. 太原：山西人民出版社，2009.

（二）大学英语课堂教学的构成

1. 教学内容

对于大学英语课堂教学来说，教学内容是它的构成要素之一，如果教学内容不存在，那么课堂教学也不会存在。受时间、地点、班级、教师、学生及目标各种因素的影响，课堂教学内容会有所差别。短期来看，课堂的教学进度、教学和学习效果都会受到课堂教学内容的影响；长远来看，想要学生达到从中介语到目标语的积极进步，对于课堂教学内容的安排就要科学合理。

课堂的上课内容应该在课前就定好。一种十分错误的观念认为对教学内容作决策十分容易，只需按照教科书的固有顺序授课就行了，这是十分盲目的行为。原因有两个：站在整体的角度上，某一本教科书的编排，其教学顺序是根据大纲的要求、教学原则和目标以及特定教学对象所编排的，这只适用于某一特定阶段，对于其他不同地区、学校和班级的学生，就会发生不适用的情况。站在局部的角度上，课堂的教学内容应与此堂课的教学目的及教学任务合而为一，因此每堂课都应以此为依据作出一定的修改与调整，进行一些增减及顺序调整等。

在传统的大学英语课堂中教师的教学只能根据教科书的固有顺序来进行，对前后顺序进行调整就已经算是变革了。教师与学生的关系就像两个齿轮之间的关系一样，依靠特定轨道持续向前行进，但问题在于教师与学生怎么可能是没有自主权及自我意识的齿轮。对于传统课堂来说，师生没有自主权就是它最大的弊病之一，教师尚且不能依据需要去选择教学内容，学生就更不可能实现了。经研究表明，课堂教学发展顺利与否与教师和学生是否对教学内容有自主选择权息息相关。当然，大学英语作为基础教育的内容之一，其教学范围和内容都由学生决定也不是一种理智的做法。上述观点只是希望能够适当增加师生在教学内容方面的自主选择权。那么对于教学内容的范围应该怎样划分呢？以下就是大学英语的主要教学内容。

所有人类文明的成果，包括各种物质文明与精神文明，都可以作为教学内容。教师在编排课堂教学内容的同时，把所有在学生语言能力范围内的内容集中到一起，既方便了学生的语言学习，也能最大可能地让学生学到更多的知识。

教学的内容还可以从语义系统、语言学系统、语用系统三个方面进行反映，教师在进行教学活动的内容安排上，要充分利用好这三个系统以便进一步提高学生的语言水平以及形象思维能力，扩宽学生的逻辑思维与创造性思维。

语言课堂的教学内容，不能受学习材料的限制，可根据教学内容中的重点内容，合理安排学生的活动内容。语言能力的提高离不开语言的实践，如何科学地将课本题材、语用特点以及语法要求三者进行结合，并且能够编排好合理且适合学生又可以提高学生技能水平的活动，是所有教师都应该探讨的问题。决定学生的课堂活动是否有效的因素就是课程内容的安排，并且也是课堂教学内容的一个方向。教师根据相同的材料、结构以及语法提供不同的活动内容是最能反映出问题的。随着时代的不断进步，教学的理念以及技巧也在发生着变化，英语老师也逐渐开始尝试以前不太熟悉的活动方式，比如对话的形式、小组讨论、为角色扮演、趣味游戏等。故此，为对话设计的剧情、为小组讨论规定的主题、角色扮演设置的中心思想等，都是教师必须考虑的内容。如果长时间忽略学生对内容表达的训练，将直接影响学生的英语思维能力、信息的接受能力以及表达能力。总之，课堂的教学内容不能局限于课本上的文章、词组以及语法等方面，还要制定一些新颖的方式，对课堂中所表达的内容提出相应要求，并进行详细且有计划地训练。

2. 教材

教材是课堂教学的重要组成因子，由于教材是固定的，但学生是不断变化的，因此，任何教材的编写都会受编者水平和资料的限制，不可避免地存在某些不足之处。如果教师一味地以完成教学任务为目的而忽视学生的反应，按部就班地使用教材，恐怕很难起到促进学习的作用。因此，在教学过程中，教师应灵活处理不同的教材，在课上或课下询问学生的感受，及时调整教学的方法和进度。在教学过程中通常会遇到以下教材问题。

（1）教材的难度偏大，部分学生对教材理解困难，此时教师应放慢教学的进度，添加一些与文章内容相近但难度较小的内容。教材内容会影响教师的教育思想、教学手段、授课模式和授课内容。优质英语教材应该同时具备时代性、国际化、趣味性、启发性以及实践性等特征，符合并能满足学生的认知规律。因此,在大学英语教学中应该精选合适的教材。

(2)教材语言材料过于简单,绝大多数学生已经熟记于心,虽然课堂活跃、学生交谈的兴致很高,但也只是操练旧的语言知识和技能,不利于新知识的吸收和语言能力的发展。遇到这种情况时,教师应注意为学生添加一些具有挑战性的语言材料,使用一些略高于现有水平的词汇句子及课文,在便于学生理解的同时富有一定的挑战性,可以激发学生的学习兴趣并增强学习动力。

3. 教师

教师作为课堂教学的主要组成因素。不仅要把握整个课堂的进展,还要对学生作出恰当的、适时地指导。只有具备基本的专业素养和良好的职业素养才能够成为一名优秀的英语教师。从教学角度上来说,如果教师的发音欠缺,可以通过多媒体、视频及音频等形式进行相应教学,以保证学生学习的是正确的发音。教师在解说单词、课文和语句的过程中应该富有激情及活力,无聊沉闷的课堂很难激发学生学习的积极性,这样的教师也很难被学生喜欢。教师应该用热情饱满的精神面貌激发学生的热情,也要增加与学生的情感和思想交流,从而缓解课堂的沉闷气氛。

教师和学生主要是在课堂上进行交流,从而达到引导学生的情感因素,促使学生获得语言输入。学生获得易接受的语言输入的主要来源就是英语教学过程中教师的课堂语言。学生语言学习的效果受教师课堂语言的直接影响。趣味性也是英语课堂中非常重要的一个问题。如果授课教师幽默风趣,那么学生就能在更轻松的氛围里学习,这有利于提高学生的注意力和积极性,学生的反应反馈给教师,又会激发教师更强烈的教学热情,好的英语教师应该使用各种方法使课堂教学生动有趣。

4. 教学方法

教学方法是指师生为了完成教学任务而采取的教与学互相作用方式的总称,是实现教学任务的必要条件,是提高教学质量和教学效率的重要保证。现代教学方法强调启发式教学,反对注入式教学,提倡既承认学生是教育的对象,也承认学生是认知的主体,强调教师的主导作用和学生的积极性、主动性相统一。现代教学方法的运用原则是指在选择和运用教学方法时,应遵循的一些基本指导思想。以下是现代教学方法的运用原则。

（1）启发性原则

教学方法应该具有启发性，能够引导学生主动思考、发现和解决问题。这种教学方法强调学生的主体地位，发挥学生的主体作用，调动学生的积极性和主动性，培养学生的创新思维和解决问题的能力。

在启发性教学中，教师会通过问题引导、探究式学习、案例分析等方式来引导学生主动思考和学习。教师会设置具有启发性的问题或情境，激发学生的思维和好奇心，引导学生主动探究和解决问题。同时，教师也会给予学生充分的思考时间和空间，鼓励学生提出自己的想法和见解，引导学生深入思考和探究。

（2）直观性原则

教学方法应具有直观性，能够帮助学生更好地理解和掌握知识。教师应根据教学内容和学生的实际情况，选择合适的直观教学手段，如实物展示、图片演示、实验操作等，以增强学生的感知能力和理解能力。

（3）循序渐进原则

教学方法应遵循循序渐进的原则，根据学生的认知规律和学科特点，逐步引导学生掌握知识和技能。教师应注重基础知识的掌握和基本技能的培养，避免急于求成和拔苗助长。

（4）巩固性原则

教学方法应注重巩固性，帮助学生巩固所学知识和技能。教师应根据学生的实际情况和学科特点，采取多种形式的复习和巩固措施，如课堂提问、练习设计、单元测试等，以加深学生对知识的理解和记忆。

（5）反馈性原则

教学方法应注重反馈性，及时给予学生反馈和评价。教师应根据学生的实际情况和教学目标，采取多种形式的反馈和评价措施，如课堂表现、作业批改、考试成绩等，以了解学生的学习情况和效果，及时调整教学方法和策略。

（6）因材施教原则

教学方法应因材施教，根据学生的个性差异和需求特点，选择合适的教学方法和内容。教师应尊重学生的个性差异，注重学生的个性化需求和发展，为每个学生提供适合自己的教学方案。

总之，在实际教学中，教师应根据具体情况选择合适的教学方法，并灵活运用这些原则，以提高教学效果和质量。

二、高校英语教学的原则

（一）间接经验与直接经验相统一原则

间接经验指的是通过学习他人的认识成果来获取知识，主要指的是人类历史经验的积累和传承，通过书籍、教材、多媒体等媒介进行传递。间接经验的学习可以帮助学生快速掌握人类长期积累的基本文化知识和技能，提高认知效率，避免重复前人的错误。

直接经验是指学生通过亲身参与实践活动，直接获取感性认识。这种经验通常是在实际操作、实验、观察、调查等活动中获得的。直接经验的学习可以帮助学生将所学知识应用到实际情境中，增强实践能力和创新能力，同时也可以激发学生的学习兴趣和主动性。

在大学英语教学过程中，间接经验和直接经验是相互联系、相互促进的。教师需要将间接经验和直接经验相结合，既要注重系统知识的传授，也要注重学生的实践操作和感性认识的培养。这样才能帮助学生全面发展，提高英语教学质量和效果。

（二）掌握知识与发展智力相统一原则

知识是经过人类长时间积累和总结出来的，是对于客观世界规律和人类经验的总结。通过学习知识，人们可以快速地获取前人的经验和智慧，掌握基本的文化知识和技能。

智力是一种心理特征，是人类认识世界和解决问题的关键能力。在英语教学过程中，学生掌握知识和发展智力是有机统一的。一方面，学生需要学习大量的知识，掌握基本的概念、原理和技能，这是进一步发展智力的基础。另一方面，通过发展智力，学生可以更好地理解和应用所学英语知识，促进英语知识的掌握和应用。因此，在英语教学过程中，教师需要注重英语知识传授和智力发展的统一，帮助学生既掌握基本的英语知识和技能，又发展智力，实现全面素质的发展。

（三）掌握知识与提升思想品德相统一原则

在掌握知识与发展能力的过程中，学生不仅需要学习基本的知识和技能，还需要培养自己的思想觉悟和道德品质。这些品质包括爱国主义、集体主义、社会责任感、职业道德等，都是学生成为未来社会有用之才所必须具备的。

同时，在英语教学活动中，教师也需要注重引导学生形成正确的意识形态、文化观念和伦理道德。教师可以通过自己的言谈举止、教学材料、教学方法等，向学生传递正确的价值观和文化观念。这样不仅可以帮助学生更好地掌握英语知识，还可以提高他们的思想觉悟和道德水平。

（四）教师主导作用与学生主体作用相统一原则

首先，教师作为英语教学过程的设计者、实施者和引导者，具有非常关键的作用。教师需要根据英语教学内容、学生特点和学习目标，制定合理的教学计划，选择适当的教学方法，组织并引导学生的学习活动。同时，教师还需要关注学生的学习进程，及时调整教学策略，解决学生在学习过程中遇到的问题，激发学生的积极性和主动性。

其次，学生是英语教学过程的主体，具有主观能动性。学生是英语知识的接受者、建构者和创造者。学生在英语教学过程设计中扮演着重要角色，他们的学习态度、方法和效果直接影响教学质量。因此，学生需要积极参与英语教学过程，发挥自己的主动性、创造性和实践能力，与教师共同完成教学任务。

（五）智力因素与非智力因素相统一原则

英语教学活动既需要师生智力的参与，也需要非智力的情感和动机的参与。学生需要在智力因素如观察、记忆、思维和想象的充分发挥基础上，借助非智力因素，如兴趣、动机等，来调节自己的英语学习和认知过程。在智力因素和非智力因素相统一的前提下顺利开展教学。

第二节　高校英语教学的现状

一、过于重视英语四六级的考试

因为教学理念的陈旧，教师仍以完成考试为目标进行英语教学，这样的学习难以让学生对英语产生根本的兴趣。对于英语知识的教授也被条条框框所制约着，教学内容始终围绕着四六级考试开展，在学生走入社会参加工作后，始终不能摆脱四六级考试带来的框架束缚。

在这样的制约下，教师在进行知识传播的时候往往只是自己的独角戏，整个课堂只有教师这一个主角，学生成为捡拾知识的旁观者。在阶段性的教学结束后，教师给学生布置作业，这些作业可能是英语习题，也可能是背诵单词和英语文章之类的。很难有学生会想到去找一个会说英语的人面对面地进行交流，只能自己一人进行英语实战，这就导致了很多的大学生在英语的学习上什么都懂但是无法交流，形成所谓的"哑巴英语"。

大多数的学生在大学中为过了英语四六级而喜悦，或是因为没有通过而垂头丧气。对于英语的学习完全只为了应付考试，根本达不到用人单位要求的日常交流效果，这就是传统教育模式下我国对大学英语的根本误区。以四六级为核心的教学方式完全无法满足社会对于大学生英语的要求。

二、学生成绩参差不齐，老师难以进行补差补缺

在大学课堂上，学或不学完全依赖学生的自觉。但有些学生在高中时期的英语基础就非常薄弱，本想着到了大学可以根据自己的努力将差的地方补回来，但在面对一节课六七十人的情况下，难以向教师提出问题，导致学生的不足很难被全面地改进。对于教师来说，一节课六七十人，就意味着无法回答所有同学的疑问，在教学上显得力不从心，再加上对英语四六级的重视，导致很多学生在大学英语课堂上对英语失去了兴趣，进度越来越跟不上，自己的成绩变差的同时心情也变得烦躁，对英语的学习欲望就更低了。

三、受"应试教育"的制约

应试教育是传统英语教学模式的一个基本目标，英语教育和素质教育从根本上有所区别。大学英语教学的指挥棒也就是四六级英语考试，在这种考试中，主要是利用考试通过率作为标准来对学校、师生及教学进行评价。如此一来，强化了四六级的考试特点，英语教学本质上还是应试教学，无法达成提高学生的英语应用能力的目标。对于英语学习来说，语感要比语法知识重要。选择题是四六级考试的主要题型，所以词汇以及语法和进行大量的试题模拟成为学生主要学习的方式，因此也花费了大量的时间精力。答案是否正确是学生关注的重点，因此不论是课堂上的交流讨论还是对课文的朗读与背诵时间占比较小。除此之外，学生过于依赖教师的讲解，长此以往，不利于学生独立思考能力、创新能力的培养。同时，传统英语教学模式具有单一性，对英语的教和学两个过程的积极性具有一定的局限。教师在实施课堂教学的过程中，习惯性地使用单向、无交流、以讲解为中心的教学方法，枯燥的教学模式中英语教师刻板地教，学生被动地学，导致教学氛围沉闷，师生之间互动较少，限制了学生英语语言的交流。

四、教材选择存在不足

教材在很大程度上决定着课程的教学目的和教学方法，因此，对于任何一门课程而言，教材的设计和选择都非常重要，甚至决定了这一门课程教学的成功与否，英语教学也不例外。近年来，我国社会各方面都得到了较快的发展。但是英语教学在教材的选用上还是存在不少问题，如教材内容常常与社会脱节，教材设计无法满足现代英语教学的需求，同时在时效上教材往往未反映最新的社会主题。尽管部分院校也有引进合编的或原版的英语教材，并且我国本土教材在设计上有了较大改观，但是这些教材只追求"可教性与可学性"而忽视了实用性，学生从课本上学到的知识无法在社会交际中得到应用，久而久之会导致学生渐渐失去对英语学习的兴趣。

要想设计一本好的英语教材，应该考虑以下几个因素。

（1）好的教学指导思想。

（2）内容的安排和选择符合教学目标。

（3）体现先进的教学方法。

（4）教材的组成是否完整包括了学生用书、教师用书、练习册、录音带（或录像带、多媒体光盘）等组成的立体化教材。

（5）教材的设计是否合理，即教材的篇幅、版面安排、图文比例和色彩等。

（6）教材语言的素材是否真实、地道。

总之，作为教材的直接使用者，教师可以结合以上因素为教材的设计提出建议，甚至可以参与开发出适合我国学生的科学性教材，从而提升英语教学的成效。

第三节　高校英语教学改革的目的与理念

一、高校英语教学改革的目的

（一）增强教师信息技术应用能力培训

针对当前教师对新技术设备应用不熟练的问题，应加强对教师的数字技术应用能力培训。包括基本的计算机操作、多媒体教学软件的使用、网络资源的获取和利用等。通过定期的培训和技术交流活动，提高教师的信息技术应用能力和素养，使教师能够熟练地运用新技术设备进行课堂教学。

（二）创新教学模式

教育数字化要求教师改变传统的教学模式，积极探索基于现代技术设备的新的教学模式。例如，利用在线课程、网络研讨会、多媒体教学资源等开展混合式教学，将传统课堂与数字化学习环境有机结合，提高教学效果。

（三）提供优质数字化教学资源

教育部门和学校应积极开发优质数字化教学资源，包括各类在线课程、多媒体教材、实验模拟软件等，为教师提供丰富的教学素材和工具。这样，教师就能利用这些资源进行课堂教学，提高教学的效率和质量。

（四）建立教师数字技术应用评价机制

为了激励教师积极应用新技术设备，应建立相应的评价机制。通过对教师使用新技术设备的情况进行定期评价，将评价结果与教师的绩效考核、晋升等挂钩，从而激励教师重视数字技术在课堂教学中的应用。

（五）加强教师之间的交流与合作

通过组织教师参加校际、地区甚至全国性的教学交流活动，促进教师之间的经验分享和合作。这样，教师可以共同探讨如何更好地利用新技术设备进行教学，相互学习、共同进步。

二、高校英语教学改革的理念

（一）坚持以学生为中心的教学理念

"以学生为中心"的教育理念已经具备一定的框架结构，其系统具有开放性和发展性，这一教育理念主要强调以下要素。

1. 树立自尊自强的信心

帮助学生树立自尊自强的信心，重新评估自己的能力，是促进学生人格健康发展和潜能充分挖掘的第一步，也是至关重要的一步。在升学竞争对教育的长期导向下，学校评价学生的标准主要是学科成绩，忽视了对学生健全的人格的培养。一方面，学生变成了"考试的机器"，导致了"高分低能"甚至"高分低德"的现象，这使得他们难以适应新时代市场经济的需要；另一方面，高校学生在经受了考试失败的挫折后，身心疲惫，后劲不足，对前途产生悲观和失望的情绪，同时也可能失去对未来进行判断和选择的能力，不知道自己要干什么、能干什么。因此，把尊重每名学生作为生命整体的发展需要放在首要位置，重视对他们的全面教育，促进他们认知能力、身体、道德和精神力量的全面发展，强调以行为而不是以结果来评价学生，是至关重要的。我们需要转变那种"只有上大学、当专家才是人才"的狭隘人才观，认识到技能型人才也是社会急需的重要人才。

2.重视学生的学习与思考

培养学生的学习和思考能力，为终身发展夯实基础。瞬息万变的信息时代、知识经济时代，在学校教育中获得的知识已不能满足人们的生存需要，人们已经步入了一个终身学习的时代。在这个时代里，人们不仅需要不断学习，还要学会学习、善于学习。随着社会的发展和科技水平的进步，未来的文盲不再是不识字的人，而是不会学习的人。

素质教育的理念就是要求教师不仅要对学生进行知识的传授和能力的训练，还要对他们进行思维方式的训练，让学生学会学习、学会思考，为自己的终身发展奠定坚实、丰厚的基础。长期的"应试教育"可能导致学生习惯接受现成的思维模式，缺乏主动学习的探索精神，特别是当学生未达到家长和教师要求的分数时，他们就会感到沮丧和失败，继而对学习感到厌倦。进入高校学习的这批学生，由于考试成绩不理想，心理上感到失落、无助，继而对学习不感兴趣，甚至惧怕学习。他们把失败的原因归结于自己的能力不足，天赋不够，这就要求教师把培养学生的学习兴趣，增强学生的自我学习意识放在教育工作的首位。教师要承认孩子在求知的过程中属于不成熟的个体，应以学生为主体，构建一个充满阳光的课堂。教师在课堂上要少一些偏见与挖苦，多一些尊重与赞许，由单向知识传授转为双向情感交流，由一味指责转为想方设法让学生品尝成功的快乐，使各个层次的学生都能获得心理上的满足，从而使他们更加积极向上。

3.选择适合高校学生的教育方式

在高校学生质量管理的过程中，可以采用问卷调查形式来收集对学生教学效果的反馈，从而全面了解学生的学习需求和状况，并根据这些反馈持续调整教学计划。在办学机制上要灵活多样，如在修完大一所规定的全部课程以后，学校根据学生的意愿分别设置就业班、升学班、第二专业班以及各种短训班等，让就业者有路可走，升学者有门可入，成人继续教育有平台可参与。在教学中，根据学生的文化基础差距较大这一实际情况，教师可以进行分层次教学。完全学分制的动态管理体系和灵活的课程结构能够锻炼学生的自主能力。学校可以增加限选和任选课程，学生自行选择学习内容，发挥自己的长处，弥补自己的不足，以适应学生的个性发展和职业方向。学生通过分组讲座这种教学组织形式，可以先思考，再进行激烈讨论，最终得出结论。精心处理教学组织形式的细节，努力营造轻松愉快的学习氛围。可以采用不断变换学习场所的方式，使学生在新鲜感带来的探求欲里开始一天的学习。

（二）注重学生差异，实施分层教学

近年来，各高校的发展规模不断扩大，招生人数逐年增加，基于生源质量来源的多样性和参差性，英语教学改革迫在眉睫。下面从英语学科建设入手，具体分析目前英语分层教学工作开展的背景和必要性，英语学科分层建设的可行性，分层建设实践以及分层建设成效，探究英语学科分层建设对提升人才培养质量的重要促进作用。

分层教学作为实现教育公平的重要方式，力求促进全体学生的发展。学者们通常认为分层教学是一种教育教学方法或个性化教学模式。它在一定程度上理解学生生而不同，认同学生的个性化和差异化，能够有针对性地对层次不同的学生开展学习指导，并以此满足各个层次学生的实际学习需求，最终让班级全体学生都喜欢上英语学习。通常情况下是根据学生现有的学科背景知识、能力水平和学生的发展潜力等，将学生分为A、B、C三个层次：A层次对英语有较浓的学习兴趣，基础知识牢靠，学习习惯较好，学习内容能完全接受，一般成绩较好；B层次学生能够在教师课堂的引导下学习，基础知识掌握较好，但不善于总结归纳，知识理解深度和解题方法需进一步提升，一般成绩中等；C层次学生需要老师或他人的督促，学习习惯不太好，属于被动学习状态，往往成绩较差。教师根据不同层次学生的实际情况，在教学目标、教学内容、教学实施过程、教学评价等多个层面进行分层设计，让班内每名学生在现有学习水平的基础上都能参与到不同层次的教学活动中去，从而让学生在每一节课中都能得到充分的发展，实现较好的教学效果。

1. 分层教学的特点

所谓"分层教学"，是指在学生知识基础、智力因素和非智力因素存在明显差异的情况下，教师有针对性地实施分层教学，从而达到不同层次教学目标的一种教学方法。英语分层教学具有如下几个特点。

（1）差异性

不同学生本身就存在明显差异，教师需要重视学生的这些差异性，从不同学生的特点出发，展开教学，要尽可能将不同学生的潜力发挥出来，这就是所谓的分层教学。也就是说，在分层教学中，教师需要对学生的差异有清楚的把握，尤其是对这些差异进行解决。具体来说，高校英语分层教学中的差异主要包含如下三点。

第一，教学对象的差异。学生来自不同的地区，因此他们的英语基础必然存在差异，教学中需要重视这些差异，清楚每一位学生的最近发展区是不同的。第二，教师教学风格的差异。教师自身的教育背景、生活经历不同，导致不同的教师形成了不同的教学风格。第三，师生之间的人格平等。师生在人格上的平等，是学生发展独立人格的前提和基础，是教师展开教学的必要前提。同时，师生之间的人格平等还体现在对学生个体差异的尊重上，这样能够促进每一位学生的个性进步与发展。

（2）多样性

高校英语分层教学需要具有多样性，具体来说可以总结为如下几点。

第一，教与学的多样性。既然高校英语分层教学对于学生的差异予以尊重，那么在高校英语教学中就不能仅仅参照某一模式展开教学，也不能仅仅使用一种评价手段，仅仅依据一种大纲，而应该从不同学生的需求出发保证教学的多样性。第二，英语技能的多样性。高校英语教学不仅要求学生掌握英语基础知识，还要求学生对基本技能的把握，努力培养学生具备跨文化交际能力。需要指出的是，每一位学生在每一种能力的发展层面上也是存在明显差异的。

（3）针对性

在高校英语分层教学中，教师需要考虑学生的个性需求，对他们展开个性化的帮助与指导。这体现出高校英语教学是符合学生的个性需求的，也能够将学生某一部分的特长发挥出来，从而提高整体教学的质量。具体而言，高校英语教学需要经常诊断学生的个性需求，在教学中发挥出教学智慧，从而对学生展开针对性教学。所谓针对性，具体包含如下四点。

第一，高校英语分层教学的针对性主要受受教育者差异的影响。学生的智力水平、基础水平等存在差异，高校英语分层教学的针对性就需要考虑学生的这些差异，让教学真正地深入学生的内心。第二，高校英语分层教学的针对性是对"一刀切"教学模式的否定。教师需要从学生的个性、能力等出发，对教学内容、方法等进行选择，对教学活动与学生进行细致地分类。第三，高校英语分层教学的针对性要求教师考虑学生的不同风格展开教学。学生的情感、生理等因素，会对学生的学习风格产生影响。学生的学习风格不同，主要体现在对信息的采集与加工上。教师需要根据学生不同的风格，对教学方案进行针对性制订，引导学生从自己的特长出发，选择适合自己的学习方式，对自己的学习缺陷进行弥补。第四，高校英语分层教学的针对性并不是传统上的因材施教这么简单。因材施教的理念主要是面向个体学生，高校英语分层教学针对的是全体学生，要对全体学生的差异予以关注，考虑全体学生不同的需求。

（4）交际性

语言是人类展开交往的工具和手段，其最根本的性质就是交际性。语言离不开文化，文化也在语言中有明显的体现。在高校英语教学中，语言与文化密不可分。因此，高校英语教学中需要融入文化知识，即不仅仅教授语言知识、语言技能，还需要将文化内容融入其中，这样才能帮助学生运用语言展开跨文化交际。教师需要考虑对学生文化素养的培养，从而传输世界文化知识。文化知识与适应能力是展开交际的关键，从本质上而言，语言交往能力是深层次地获取文化知识的前提。高校英语分层教学的交际性主要表现在以下四个方面。

一是高校英语课堂教学让我国大学生掌握大量的英语文化知识，从而实现高校英语的交际功能。二是英文资料的阅读实现高校英语跨文化的交际功能。三是面对面的对话交流实现了高校英语的交际功能。四是在坚守中国文化的基础上，向外推广中国文化，从而实现高校英语的交际功能。

2. 分层教学模式的原则

（1）学生的分层原则

在因材施教理论的指导下，根据学习成绩、学习态度、思维能力对学生采取积分制，根据积分将学生大致分成A、B、C三层，这三层学生大致满足以下特点：A层学生学习成绩较好，思维较敏捷、学习态度较好；B层学生学习成绩一般，思维能力一般、学习态度一般；C层学生学习成绩较差、思维较迟钝、学习态度较差。

（2）分层形式的隐蔽性原则

大学生心理逐渐成熟，具备更多的自我思考能力，性格敏感，自尊心较强。由于学生的心理发展差异，他们的考场发挥程度不一，考生的成绩与其实际学习能力会出现偏差。因此学生的学习成绩并不能准确代表学生的实际学习实力。唯成绩论学生无疑失之偏颇，会对部分学生造成一定的心理伤害，因为学习成绩并不是评判一个学生的唯一标准，学习态度、学习能力等也很重要。因此对学生分层应当综合学习成绩、学习态度、学习能力等多方面因素，并且教师应着重强调对学生所分的A、B、C层只是一个代号，并不具备任何偏见与歧视，也并非唯成绩论，它的作用只是为了更好地因材施教，促进每一位学生的学习发展。

（3）分层教学的动态性原则

学生的学习受到多方面的影响，他们的成绩会出现不稳定性。分层方式不能局限于成绩，应当综合成绩及其平时各方面的表现进行考量。经过一段时间的分层学习后，部分同学成绩会出现较大幅度的波动，进一步影响其学习状态，因此学生的学习状态具有波动性。根据最近发展区理论，教师应当及时对学生作出针对性的教学，定期调整学生层级，避免学生处于不适合自身的层级，从而面对不符合当前学习水平的教学任务而无法得到良好的发展。

（4）分层学生的个性优先原则

学生具有鲜明的个性差异，因此使用同样的教学内容会使部分学生无法得到良好的学习发展。根据学生问卷分析，由于大学时间紧、任务重的特点，学生在课前和课后较难完成学习任务，因此教师应当多在课堂上促使学生完成学习任务。根据掌握学习理论，教师应当根据教情、学情，制定出适合不同层级的教学内容，并且内容应当具备层次性和递进性，并非相互割裂的，由此使各个层次学生均有收获，避免学生因为超出自己学习水平而产生厌烦心理。教师在课堂和课后作业上，可以先让学生完成较低层次的教学任务，之后再进一步尝试让学生完成更高一级的教学任务，这样既能让各个层级学生都有所收获，也能让教学更加有条不紊。

（5）分层学生的小组合作原则

①课前分组原则

学生分组是很常见的教学手段之一。教师可以根据学生积分，将学生排序，将班内均分成水平相当的几大组，每组内包含各层次学生。分组要保证组内学生既能和同水平的人互相交流，又能做到不同水平学生互助帮扶。各组之间保证整体水平相当，以便各组进行公平竞争。

②明确合作目标原则

教学目标是对学习者通过教学后应该表现出来的可见行为的具体明确的表示，它是教学活动的出发点和归宿、教学活动的指南、教学评价的依据、教学设计的灵魂。考虑到每个层次的学生学习水平和接受能力具有差异性，教学目标可以根据A、B、C三层学生进行有针对性的设计，它的难度要稍高于每个层次的学生的最近发展区，且学生能通过自身努力或者合作学习达到，以此激发学生的学习积极性，提高其合作学习能力。

③合作学习原则

小组合作学习模式根据组员表现将组员的积分累加值作为所在组的组分，以此培养学生的小组集体意识，促使组员积极主动地参与小组合作学习活动。并且教师在验收学习成果时，鼓励学生展示，为保证低层次学生不掉队，高层次学生能够带动低层次学生，可以在低层次学生完成教学任务时额外多加1分，促使学生为了小组荣誉，各层次学生在互相讨论解决完自己的任务后，高层次帮扶低层次突破稍难一点的知识。基于学习金字塔理论，高层次学生在把知识讲授给别人的过程中夯实基础，形成深刻记忆，低层次学生在这个过程中也学到知识，各层次学生均有所得。

④师生总结评价原则

教师对学生完成本层次的教学任务应及时表扬，对学生突破本层次任务完成部分更高层次的任务时要多加表扬且鼓励，增强学生的学习成就感。对于学习积极性最低的C层次学生，教师更要多鼓励夸奖；对于学习态度端正的B层学生，一定要及时肯定他们做出的每一次努力，表明他们的学习态度都被教师看在眼里；对于最高层次的A层学生，他们往往有很多新颖的想法，教师要认真听并给出合理评价，也要对他们的灵活性创造性的思维多加赞扬。除了学习态度等不符合学生行为的情况，教师在教学中应当多夸奖少批评，激发学生的学习兴趣，增强学生的自信心。

分层教学强调因材施教，但由于大学班级容量大，教师精力不足，无法切实了解每位学生的学习情况，针对学生的个体差异性难以实现因材施教。

小组合作强调小组管理和小组学习，能够辅助教师教学，实现学生互助学习，弥补教师无法兼顾众多学生的弊端。教师在分层的教学模式下，以小组合作的形式开展教学工作，通过学生层级和积分可以了解学生大致水平及学习状态，直接针对各层级设计相应教学内容，保证教师能够尽可能地照顾到各层次学生，也使班级在这个过程中营造出团结互助的氛围，形成良好的班级学习风气。

（三）强化体验，开展体验式教学

1.英语中落实体验式教学的积极作用

体验式教学就是一种以学生为主体，构建具有较强体验感的学习环境的模式。在体验式教学中，教师利用各种资源构建学习环境，利用合理的方法设计教学活动，引导学生积极参与教学实践活动，让学生通过最直观的体验获取知识与技能，通过直观的体验锻炼个人英语素养与能力，实现教学目标。在体验式教学活动中，学生的自主学习是重点，学生通过自主学习占据学习主体地位，在实践中学习，经历"体验—认知—获取能力—能力提升"的过程。[①]

在英语教学中运用体验式教学，无论是对于提升学生英语学习主动性而言，还是对强化学生英语学习能力而言，均具有重要作用。体验式教学有助于激发学生英语学习积极性，大学生的英语学习基础较弱，大多数的学生没有掌握科学合理的学习方法，本身的英语底子薄弱，此时采用传统英语教学模式，反而会加剧学生的厌学心理。教师运用体验式教学法，能够让学生形成更加直观的英语体验，感受英语的学习乐趣，从而增强对英语的学习兴趣，提升学生的英语学习自信心，促使学生更加积极主动地学习英语。

2.体验式教学在英语教学应用中存在的问题

（1）教师教学理念陈旧

在英语教学过程中，部分英语教师以传统的教学观念进行教学。部分教

---

① 李皓婵.体验式教学在高职英语教学中的运用[J].陕西教育（高教），2022（4）：86-87.

师认为英语不是很重要，只要按照课本的知识内容进行备课、课堂教学、课后练习即可，并没有特别关注英语在生活实践应用中的重要性。因此，在英语教学过程中，教师并没有太多创新的教学方式。因为部分教师本身的教育理念思想陈旧，所以他们在教学过程中并没有将体验式教学融入英语课堂，从而达不到良好的教学效果。

（2）教学目标不明确

在英语教学过程中，部分英语教师没有认识到英语的重要性。教师认为大学生毕业后将步入社会实践，只要对其专业的技术知识进行教学，因此对于英语只是敷衍了事，并没有真正意识到英语对其以后社会实践的重要性。因为教师教学的目标不够明确，所以英语一直处于传统的教学模式中，教师并没有将体验式教学与英语进行结合，导致英语教学的重点无法突出，无法达到体验教学的目的，从而对英语教学质量产生一定的影响。

（3）大学生体验式英语教学过程中参与不积极

在英语教学过程中，教师需将体验式教学融入英语课堂，如果教师本身对体验式教学没有进行良好的设计与规划，学生在教学过程中就更不会积极参与教学活动。体验式教学主要是以学生为主体，学生与教师共同创造体验教学环境，教师只有保证学生积极主动参与教学活动，才能很好地发挥体验式教学的作用。然而目前的大学并没有重视体验式教学，在教师的教学过程中，学生还是习惯传统的教学模式：听教师按照固定教材进行讲解，然后将其重点记在笔记中。在这种教学过程中，教师与学生几乎没有互动的机会，学生也很少积极参与教学活动，因此学生英语口语的训练根本达不到预期的效果。在长期的传统模式教学下，学生对体验式教学并没有过多的参与感。长此以往，学生对英语的学习兴趣逐渐减弱，甚至有的学生直接放弃了英语学科的学习，这不仅影响了学生的英语学习成绩，而且对学生在以后实践生活中英语的应用有一定的阻碍。

（4）教师与学生之间沟通交流不活跃

部分教师将体验式教学融入英语教学课堂，鼓励大学生积极参与，因此大学生的英语学习有了明显的变化。但是部分学生与教师之间的沟通交流不频繁，学生在接受过体验式教学后，并没有就体验式教学的优势与教师进行分享和交流。在这种情况下，教师无法真正了解体验式教学有哪些优势或哪方面需要改进,以及教学又有哪些不足之处。由于缺少教师与学生之间的沟通,教师无法及时调整教学中的不足之处,也很难在下次的教学过程中引入新的教学方式。教师与学生之间缺乏沟通,可能直接导致教师与学生的关系逐渐疏离。当教师与学生之间的关系愈发生分,学生就更不敢轻易表达自己的想法和意见,而教师也会因为没有收到学生的意见和反馈,从而无法理解学生在课堂上的学习困难,这非常不利于大学生英语学习能力的提高。

3.体验式教学在英语教学中的优化运用思路

(1)循序渐进推进活动

英语具有交流性与应用性,需经过长时间的学习与积累形成英语交流能力与运用能力。因此,在英语教学中运用体验式教学法,需要遵循循序渐进的原则,根据班级学生的实际水平与能力,设计相应难度的体验式学习活动。之后,根据学生的学习效果,逐渐增加难度、拓展深度,引导学生逐渐适应这种学习节奏,在体验式学习活动中逐渐掌握更多的英语交流技巧、提升英语运用能力。

(2)小组合作完成体验

在体验式教学中,教师须为学生提供一个互动环境,才能够更有效地发展学生的口语表达、语言运用能力。因此,教师可以提出"小组合作"的方法,让学生以小组为单位参与到英语学习中,共同领取、完成任务。在这一过程中,学生既可以与同组伙伴协同完成任务,共同探索英语知识;也可以互相交流,在组内交流的过程中进行大量的口语交际,提升学生的口语交际能力,形成丰富英语交流体验。

(3)多元评价强化效果

课程评价是大学课程教学的关键环节之一,作用是评价学生的学习成果与个人发展情况,为学生指明接下来的学习方向,提出可靠的学习建议。在英语教学中运用体验式教学,教师需要考虑体验式教学与原本教学模式的不同,适当调整课程评价,包括:评价方向、评价频率、评价内容与指标。科学合理的课程评价可以进一步指明学生的优势与不足,为学生充分发挥自主能力、积极主动参与英语学习提供支持,进一步强化学生的学习成果。

第三章　教育信息化时代高校英语教学的要素

教育信息化时代对教师和学生都提出了新的要求和挑战，但同时也为教师和学生提供了更多的机会和可能性。教师需要不断学习和适应新的教育教学理论和技术，以更好地引导学生进行自主学习和合作学习。学生也需要不断学习和适应新的学习方式和技能，以更好地适应信息化时代的社会发展需求。本章重点研究教育信息化时代高校英语教学的要素。

第一节 高校英语教师信息化素养的提升

一、英语教师信息化素养概念界定

"教师信息技术应用能力"被界定为：运用信息技术提高教师的工作效率，促进学生的学习效果和技能的完善，并促进教师的专业技能的可持续发展，包括组织和管理、信息技术素养、评估和诊断、计划和准备、学习和发展五个方面。赵俊、闫寒冰、祝智庭等人指出，"教师信息技术应用能力"应该包括两个层面：一是老师本身的教学技巧的提高和发展；二是老师运用信息技术来提升教学效率，提高学生的学习成效。[①]在郭绍青教授看来，"教师信息技术应用能力"就是要提升学员的教学水准和教学品质，用信息技术促进学员的成长，从而有效地运用信息技术来解决教育中现存的一些问题。[②]根据教育部关于教师信息技术应用能力的界定，结合两位教授的观点，本研究将"教师信息技术应用能力"界定为：教师在教学活动中，能够有效地运用适合于学习者的信息技术手段，提高其学习效率，并合理地运用信息技术，提高其工作效能，促进自身教学能力可持续的个体化发展。

---

① 赵俊,闫寒冰,祝智庭.教师信息技术应用能力发展的可持续方略——学习生成的视角[J].电化教育研究,2016,37(04):121-128.

② 郭绍青.教育数字化赋能新课程实施与教师培训转型策略研究[J].中国电化教育,2023(07):51-60.

二、教育信息化时代英语教师信息化素养提升路径

（一）构建教育信息化背景下的教师实践共同体

1. 合理利用资源，优化学习内容

资源作为教师实践共同体中成员之间合作交流的中介，在实践共同体交流合作的层面上，应以资源的优化为重点内容。学校作为教学资源的提供者，应该对教学资源的质量进行严格的把控，教师也应该对网络上的各种资源进行科学识别，主动地与大家分享高质量的教育资源，在行政部门的支持下，对物质资源进行合理使用，将教师实践共同体与教育信息化进行有效的结合，让资源共享的效果得到最大限度的发挥。

（1）把控资源质量，提高资源利用率

高质量的教育资源可以为教师的教学、备课、提升自己能力带来极大的便利，丰富教师学习的内容。因此，学校要对提供的资源进行筛选，为教师提供优质资源，研究者认为学校可以在以下三个方面作出改变。

首先，可以对教师进行相应的调查，根据教师的实际需求为教师提供相应的资源。其次，学校应分配专门的负责人，对一些网络资源进行审核，筛选掉低质量的资源。最后，学校的制度应更加民主，不强制教师参加一些教师认为无用或者教师已具备知识的培训课程。

（2）提供行政支持，供应物质资源

从理论上来看，教师实践共同体虽然是教师自发组织形成的学习群体，但在现实生活中，面对庞大的教师群体，教师实践共同体的建构和运作还是要依靠行政的支持。在学校这个有组织有纪律的组织中，教师实践共同体的发展，无论是在人力、物力还是运作过程中的调整等都需要依托行政意义开展，在行政力量的支持下，教师实践共同体才可得以顺利运作。虽然行政部门的参与会使我们理想中的教师实践共同体变得"功利性""强制性"甚至"形式化"，但若脱离行政支持，教师实践共同体的建构和运作将遇到重重困难。再者，在发展过程中我们可以最大程度上削弱行政支持的负面影响，将利益最大化，合理利用在行政的支持下获得的活动经费、场地空间、专家团

队资源等有利于教师实践共同体发展的物质资源。

（3）建设在线学习平台，实现资源共享

在教育信息化进程中，在线学习平台已经成为教育界的新潮流。网络平台不仅可以为教师提供更加多元化的学习内容，还可以实现跨空间的资源共享，为教师的教学工作和专业成长提供了很大的帮助。但也有很多教师指出"网络学习质量难以保证"，这也成了教师借助网络学习的一大阻碍。研究者认为网络学习平台是顺应当今时代的产物，我们不能忽视它，而要进一步优化和充分利用。因此，针对现有的教师网络学习的情况，研究者提出以下几点建议：一是精简网站页面，网络学习平台的页面要清晰，并且对已有的功能进行明确的分类，以便教师根据自己的需要进行快速的检索，例如可以根据不同的学科、年级、知识点进行分类。二是整合资源，打造高质量课程。网络平台能够以教师检索的大数据为基础，对教师检索问题的次数进行从高到低排序，如果排名高，则表示教师对这方面资源的需求高，因此，平台就能够在此基础上为教师提供更多、更高质量的该方面课程资源，从而提升教师网络学习的质量，保证网络学习的连续性。三是优化网络平台的交流功能。平台可以按地区、按教龄、按学科等方面为教师创建全国群组，教师可以在该平台和全国各地的教师谈论教学问题、分享教学经验和教学资源，也可以和自己教龄相近的教师分享自己的工作困惑舒缓心情。通过文字、图片甚至视频的方式，尽可能地促进教师间的了解和实现资源的共享。

2.共建共享，共同发展

教师实践共同体的建构和运作过程中，教师间的"共同愿景""共同体意识"以及教师评价机制起着极其关键的作用。这是教师实践共同体运作的先行条件，因此，提高共同体成员的决策参与意识、共享愿景、增强共同体意识和建立评价机制，是教师实践共同体建构的有效路径。

（1）共立共享愿景，增强共同体意识

共同体不仅仅是教师聚集在一起学习这样简单的外在表现，更注重各成员之间相互联结、共同发展的内在联系。因此，首先，要使教师对共同体有一个较为系统的了解，加强共同体意识，使其能够成功地实现由"个体"向"群体"的转变，从而使其对共同体有一种归属感与责任感。

增强教师的群体意识，首要目标就是共同体成员之间建立共同的愿景。

共同愿景是教师实践共同体建设和发展的指明灯，有助于增强教师间的凝聚力、点燃教师的雄心斗志。它是共同体成员个人愿景的集中体现，能有效地激励教师对共同愿景的认可，而激励教师共立共享愿景要遵循以下几个步骤。

首先，学校要积极鼓励和重视教师发展的个人愿景，因为这是建立共同愿景的基石。其次，学校要引导教师积极分享、讨论自己的愿景，在共立共享愿景的民主氛围下，协商制定出适合每一位教师发展的共同愿景。最后，学校的组织者要向每一位参加的成员告知教师实践共同体的发展目标，使教师能够对实践共同体有一个全面的、准确的理解，从而起到愿景的推动作用，鼓励每一名教师都能积极地参加到实践共同体中，从而达到自己的发展目的，达到学校的共同愿景。

（2）共建实践共同体，增强成员决策参与意识

教师实践共同体属于一种群体性组织，它指的是教师将个人学习转变到群体共同学习上，主体是每一位参与的教师。根据目前的教师实践共同体的发展趋势来看，教师仅仅扮演着参与者的角色，没有参与组织、决策的权利和意识。教师作为教师实践共同体的主体，应唤起自身的主人翁意识，积极参与教师实践共同体的构建。教师也要充分地意识到，教师实践共同体的每一项活动与决策都与自身的专业成长有着密切的关系。所以，一方面教师作为一个独立的个体，要逐渐增强自己的主体意识，培养自己的领导力，积极争取机会去参与实践共同体的计划、组织和管理的过程，不能将自己置于共同体的边缘地位，让自己有信心、有决心在实践共同体中提升自己的专业能力。另一方面，学校中层也要培养教师参与决策的意识，学校为教师营造平等友爱的氛围，并给予教师更多参与决策的机会，鼓励教师参与实践共同体的建设工作。

（3）建立共同评价机制，促进共同发展

根据自组织理论和实践共同体的生成特征，从实质上说，教师实践共同体是一种以共同理想为基础，以自己的发展需求为基础，自发组成的一种教师学习共同体。因此，教师实践共同体在内部并没有形成规范的、健全的评价机制。这不仅不利于教师正确定位自己在实践共同体中的位置，也无法判断自身在参与实践共同体过程中能力提升的程度；更不利于教师实践共同体

及时根据教师情况调整运作机制，将大大减少教师参与的积极性。因此，在实践共同体运作的过程中，要建立合理的共同评价机制，要树立"以师为本"的教师质量评估理念①，以调动教师的积极性，促进教师共同发展。

形成性评价机制可以很好地体现教师在实践共同体中的成长历程，在实践共同体活动开展过程中，及时地采取互评、自评、他评的方式，使教师快速准确地进行自我定位，清楚认识到自身的优缺点，才会在实践共同体活动中真正地得到自我提升，让教师真正地成为教师实践共同体的主人。

（二）完善教师的自主专业发展路径

1. 合作：构建在线教师专业学习共同体

恰如一句俗语所说，如果你想走得更快，就独自前行；如果你想走得更远，就结伴同行。教师合作是专业发展的重要向度，专业发展离不开教师间的合作。②实现教师间有效合作的最好办法就是构建教师专业学习共同体，这也是促进教师专业发展的强有力支持。教师专业学习共同体是一个由教师自发建成的组织，组织的最高目标是实现全体成员的共同进步。良好的合作氛围，共同的价值理念，真正由教师主导是教师专业学习共同体的价值取向。③但当前部分教师专业学习共同体却不符合这一特征，它们往往是在外力驱动下形成的，教师被动参与且积极性不高，学习形式往往以集中培训为主，难以发挥实效。面对这些缺憾，构建基于互联网的在线教师专业学习共同体或许是努力的新方向。

"共享"和"协作"是互联网时代的主要特征。在"互联网+"背景下，教师专业发展与互联网深度融合，构建在线教师专业学习共同体是实现教师

---

① 张春海. 论核心素养培养的教师教育变革[J]. 青海师范大学学报（哲学社会科学版），2019，41（04）：153-159.
② 崔允漷，郑东辉. 论指向专业发展的教师合作[J]. 教育研究，2008，341（06）：78-83.
③ 杜静，常海洋. 教师专业学习共同体之价值回归[J]. 教育研究，2020，41（05）：126-134.

专业发展不可阻挡的时代潮流。① 首先，互联网打破了教师专业学习的时空限制，跨越了学校、地域、年龄、学历等的差异，来自天南海北，素未谋面的教师也能成为专业学习共同体的成员，使个性化学习、专业自主发展有了实现的土壤。其次，教师可以从自身需求出发，组织或融入适宜的在线教师专业学习共同体。在学习共同体中，教师一方面作为学习者，吸纳新知，增长见识；另一方面，教师成为知识的创造者，将自身经验生成为知识并互相交流探讨。最后，在基于互联网构建的非现实环境中，教师更乐于袒露心扉、畅所欲言，交流教学经验与心得，讨论教学工作中的烦闷与苦恼，从而提升教师对职业的情感认同以及对教师专业发展的价值判断。借助互联网的支持，教师可以组建多元主体参与、跨时空、灵活多样的共同体，为专业发展汇聚优质资源，于共同体中实现共同提升。

2. 学习：提升数字素养促进终身学习

信息技术的迅猛发展、经济全球化的不断冲击、教育系统面临的诸多挑战都迫使学校改进课程和理念，开展面向未来的教育。对教师也提出了更高的要求，教师必须更新教育教学理念、充实专业知识、探索更有效的教育教学方法，先于学生成为终身学习者。教师不仅应具备传统的学科知识、教学知识和学科教学知识，还需要通过不断学习和研究成为专业领域的终身学习者。②

"互联网+"时代人人能够创造知识，人人能够共享知识，知识更新与迭代的速度远远超乎了人们的想象。仅仅凭借着教师在师范院校经历的教育与短暂的入职培训，并不能完全支持教师应对在教学生涯中遭遇的全部挑战。因此，"互联网+"时代倡导教师不断接受新知识，进行知识的学习与再学习，教师必须通过不断地探索和反思，拓宽专业知识的广度，钻研专业知识的深度，以提高专业水平实现专业成长。

在"互联网+"背景下，教师要成为终身学习者，要实现教师专业发

---

① 章幼莲."互联网+"背景下教师专业发展共同体的建构模式和策略[J].中国成人教育，2016（17）：128-131.

② 朱小虎，张民选.教师作为终身学习的专业——上海教师教学国际调查（TALIS）结果及启示[J].教育研究，2019，40（07）：138-149.

展,就必须提升教师的数字素养。数字素养是教师在"互联网+"时代所必须具备的基本能力和必要素质。教育部于2022年11月30日发布《教师数字素养》教育行业标准,并清楚界定了教师数字素养的内涵。①首先,教师应提升数字素养,具备在海量资源中筛选出与自身需求相吻合的教育资源的能力,抵消资源过剩造成的负面影响,从而真正做到教师教育教学效率的提升。②培养教师数字素养,首先应充分认识数字素养的价值。其次,满足教师个性化学习需求,实现因材施教。同时,应搭建智能教学空间,为教师提供强有力的外部支持。最后,应营造数字化教学氛围,创设良好的发展环境。③

3.反思:大数据技术助力教师反思

反思是个体或群体认识走向成熟的标志。④基于反思,人类能够挣脱感性经验的桎梏,透视事物表象背后的规律,挖掘事物的本质。教育离不开反思,教师必须具备反思能力以更好地实施教学行动,通过反思及时调整教学实践。反思有助于教师对自身形成清楚认识,推动教师发展。系统化、经常化的教师反思是促进教师专业自主发展的基础。⑤在教育教学中应致力于教师反思能力的培养与反思习惯的养成。

在以往的教学反思实践中,由于技术条件上的限制,以及教师对教学过程中产生的大量数据的价值认识十分有限,教师缺乏数据分析的意识与能力,教师反思多停留在经验回顾式反思。不同于传统教学反思,"互联网+"时代信息技术在英语教育领域的影响愈发深入,教师反思呈现出许多新变化。首先,在反思内容上,从片面、浅层转向全面、深入。其次,在反思方式上,从经验式反思转向研究式反思。最后,在反思过程中,从直观感性把

---

① 教育部.《教师数字素养》教育行业标准[S]. 2022-11-30.
② 张新征,杨道宇."互联网+"时代教师专业发展的危机与对策[J]. 教学与管理,2018,727(06):59-62.
③ 杜岩岩,黄庆双.何以提升中教师数字素养——基于X省和Y省中教师调查数据的实证研究[J]. 教育研究与实验,2021,201(04):62-69.
④ 林攀登,张立国,周釜宇.从经验回顾到数据驱动:人工智能赋能教师教学反思新样态[J]. 当代教育科学,2021(10):3-10.
⑤ 叶澜.教师角色与教师发展新探[M]. 北京:教育科学出版社,2001:318.

握转向数据支撑的理性认识。整体而言即呈现出从经验回顾到数据驱动的变化。[①]

在"互联网+"时代的众多技术中，影响最大的要数大数据技术。大数据具有数据量大、类型多、真实性强、处理速度快等特点，利用大数据技术可以获取并挖掘更多自然状态下大量真实可靠的教育数据信息。大数据技术可以基于获取的数据进行精准分析与可视化呈现，为教师反思与决策提供科学的数据支持，用技术助力教师发现问题、分析问题和解决问题，以有效改进教学实践促进教师专业发展。[②]大数据技术支持和理念指引下的教师反思将改变仅依靠教师主观经验的传统形式，立足于翔实的真实数据，通过学习分析技术对教学过程中产生数据进行加工，并以科学化、精准化、可视化的形式展现分析成果，为教师反思提供支持。[③]大数据技术的支持让教师能够从客观的、精准的视角审视自身教学实践，透视数据背后呈现的问题，助力教师教学反思与改进，并为后续的专业发展指引方向。

（三）健全教师专业发展的学校支持路径

由于教师长期处于学校情境中，所处的环境对其行为模式会产生影响。学校在教师专业发展的过程中起到至关重要的作用，学校应保障教师专业发展空间并创新教师评价机制，为教师的专业发展保驾护航，建立起完善保障与激励的学校支持体系。

1. 创新教师评价机制

首先，学校应转变评价观念。教师评价的目的应是促进教学质量提升与

[①] 林攀登，张立国，周釜宇.从经验回顾到数据驱动：人工智能赋能教师教学反思新样态[J].当代教育科学，2021（10）：3-10.

[②] 张进良，李保臻.大数据背景下教师数据素养的内涵、价值与发展路径[J].电化教育研究，2015，36（07）：14-19+34.

[③] 赵虹元.基于数据素养的中小学教师专业发展：内涵与路径[J].继续教育研究，2017，230（10）：77-80.

促进教师专业发展，而不是单纯作为管理教师的工具。教师评价应以人为本，教师评价体系应充分考虑教师多样化的合理诉求、个性化发展要求以及不断提升的职业追求。[①]应发挥评价的导向与激励作用，在教师评价中强调专业发展，引导教师关注并践行自身专业发展。

其次，制定完整的评价指标体系和规范的管理制度。学校在制定评价指标体系时，应针对其科学性与合理性进行不断考量，并根据教师专业的特殊性确定多维度的具体、可操作性的评价内容，避免教学成绩的单一评价。同时在教师评价的执行上必须做到规范管理，避免出现评价的滥用或缺位等现象，以及教师评价区别对待的问题。同时，在"互联网+"时代教师评价应格外关注教师的数字素养，增加其在教师评价标准中所占比重，发挥评价的激励作用，通过评价更好地激发教师自觉地提升数字素养。实现制度的刚性与柔性相结合，避免教师考核陷入形式主义，浮于表面，发挥出相应的监督与激励效用。

最后，调动多元主体参与评价的积极性。学校应该统筹协调起多元主体参与的发展式评价体系，避免自上而下的机械评价，从而实现对教师全方位、动态化以及持续化的综合评价。让教师参与到评价中来，赋予教师参与设计评价体系和制定评价标准的权利。教师的参与也有助于教师对教师职业及自身职责有更清晰的认识，以及提升教师的专业素养。

2.保障教师专业发展空间

教师工作负担过重，严重阻碍了教师的专业发展。笔者在调查研究过程中发现，70.4%的教师周课时量在11课时以上，其中有19.3%的教师周课时在16课时以上。在教学工作之外，还存在着一定程度的非教学工作，此类非教学的工作不但给教师增添了更多重担，挤占了教师专业发展的时间，甚至异化教师的角色认同，消磨教师的工作热情。这种情况下，仅仅依靠教师自身压缩时间是不够的，更重要的是需要从学校层面做到减轻教师的工作量，尤其是减少各类非教学工作，将专业发展的空间还给教师。

2018年，TALIS调查中，面向教师调查教育支出的优先事项，有65%的

---

① 单双.学校专业支持是如何影响初任教师专业发展的[D].长春：东北师范大学，2021.

教师选择"通过招聘更多员工来减少班级规模",有55%的教师认同"通过招聘更多支持人员减轻教师的行政负担"。[①]

可见,要真正做到为教师"减负",学校首先要解决师资不足的问题。可以通过招聘教师来减轻教师的任课压力。这样既减轻了教师的工作负担,使教师能够集中精力在教学上,同时也让学生能够接收到更专业、更优质的教育。

其次,学校还要配备充足的行政工作人员和后勤保障人员。

最后,应为教师营造专业发展良好环境。减少各类非教学任务对教师时间和精力的占用,为教师专业发展保留一片净土,让教师能够将精力全部投入到教育教学工作和自身专业发展上。

第二节 高校英语教学中学生信息化能力的培养

一、现代教育中的学生

具体来说,学生的本质属性主要包括以下几方面的内容。

(一)学生是完整的人

学生是完整的人,具有生理和心理两个层面。在教育过程中,我们应该充分尊重并理解学生的完整性,满足他们在生理和精神双方面的需求,促进

[①] OECD. TALIS 2018 Results (Volume I): Teachers and School Leaders as Lifelong Learners, TALIS, OECD Publishing, Paris[EB/OL].(2019-06-19) [2023-01-12]. https://doi.org/10.1787/1d0bc92a-en.

其全面发展。

首先,学生的完整性体现在他们具有自然生命的发展需求。教育应该关注学生的身体健康和基本生存技能的培养,同时也要关注他们的心理健康和情感需求。

其次,学生的完整性也体现在他们具有追求智力、品德、审美等精神提升的需求。学生不仅是自然生命的存在,也是文化的存在。他们需要学习知识、发展智力,形成良好的品德和审美观,以适应社会发展的需求。因此,教育应该提供全面的教育内容,包括知识教育、道德教育、情感教育、审美教育等,以促进学生的全面发展。

然而,在现实教育中,常常存在片面重视智育教育而轻视其他方面教育的现象。这种片面的教育方式导致学生发展的不平衡,可能会忽视学生在道德、情感等方面的需求,进而影响他们的全面发展和未来生活。因此,我们必须认识到学生生命的完整性,并积极创造条件去满足他们生理和精神双方面的需求,促进其全面发展。

(二)学生是有发展潜能的人

每个学生都具有独特的天赋和潜力,可以通过教育和自我发展实现不同程度的成长和成就。

第一,学生具有发展的无限可能性。他们处于不断成长和发展的过程中,具有巨大的潜力和可塑性。通过接受良好的教育和适当的引导,学生可以发掘自己的潜力,实现自我价值和社会价值。

第二,学生具有发展的不平衡性。每个学生都有自己擅长的领域和不足之处,需要教育者根据学生的特点和需求进行因材施教。同时,学生之间的差异也反映了他们的独特性和多样性,我们应该尊重并理解这些差异,为学生提供个性化的教育和发展机会。

在教育过程中,我们应该充分认识到学生的发展潜能,并积极创造条件去激发和挖掘这些潜力。首先,我们应该提供全面的教育内容,包括知识、技能、情感、道德等方面,以促进学生的全面发展。其次,我们应该采用多样化的教学方法和评估方式,适应不同学生的需求和能力水平,帮助他们实现最佳发展。此外，我们还应该鼓励学生积极参与课外活动和社会实践，培养他们的兴趣爱好和社会责任感，促进他们的个性化发展。

（三）学生是有多样性的人

每个学生都有自己独特的性格、兴趣、能力和需求，具有多样性是学生的本质特征之一。学生的多样性体现在多个方面。

第一，他们的背景和家庭状况各不相同，包括种族、民族、社会经济地位、文化背景等。这些因素影响了学生的生活经验和认知方式，使他们形成了独特的个性和价值观。

第二，学生的兴趣爱好和能力也具有多样性。他们有着不同的兴趣爱好和优势领域，如音乐、艺术、科学、体育等。同时，学生的能力水平也不同，有些人在学习方面表现出色，有些人在实践操作方面更有优势。

第三，学生的性格和情感也具有多样性。他们的性格特点包括内向、外向、敏感、坚韧等，情感需求和表达方式也因人而异。这些因素影响了学生的交往方式和学习动力，也使他们在教育过程中需要得到个性化的关注和支持。

在教育过程中，我们应该尊重并理解学生的多样性，采取灵活多样的教育方法和评估方式，以适应不同学生的需求和能力水平。

首先，应该关注学生的个性化差异，了解他们的兴趣爱好和优势领域，为他们提供多样化的学习内容和活动，激发他们的学习动力和创造力。

其次，应该采用灵活多样的教学方法和评估方式，如项目制学习、合作学习、探究学习等，以适应不同学生的学习风格和能力水平。

此外，我们还应该鼓励学生之间的交流和合作，促进他们的互相学习和成长。

（四）学生是有独特性的人

学生可能具有不同的兴趣爱好，对不同的学科有不同程度的擅长，有的学生可能更善于抽象思维，而有的学生则更善于实践操作。他们的学习方式和思维风格也各不相同，有的学生可能更喜欢通过阅读来获取知识，而有的学生则更喜欢通过实验或实践来理解概念。此外，他们的学习需求和学习动机也不尽相同，这决定了他们对于学习的投入程度和积极性。

尊重学生的独特性是教育的重要原则之一。教师需要认识到学生的不同特点，理解他们的需求和动机，并以此为依据制定个性化的教学策略。这意味着教师需要提供多样化的学习资源和活动，以适应不同学生的兴趣和能力，同时也要给予他们适当的支持和指导，帮助他们实现最佳的学习效果。

在教育过程中，教师还需要鼓励学生发挥自己的优势和特长，同时也要帮助他们认识到自己的不足之处并加以改进。这有助于培养学生的自信心和自我认知能力，促进他们的全面发展。

（五）学生是有创造性的人

学生具有创造性。每个学生都有潜在的创造力和创新精神，可以通过学习和实践不断发展自己的创新能力。

学生的创造性体现在多个方面。首先，他们在学习过程中经常会产生新的想法和见解，这些想法可能来自对问题的独特思考，或者是在探究过程中产生的创新性假设。其次，学生在解决问题时也能够运用创新性的方法，寻找新的解决方案，这种创新能力对于未来的学习和工作都非常重要。最后，学生还具有创造性的思维方式和行为方式，这些都可以帮助他们更好地适应未来的社会和职业发展。

在教育过程中，我们应该激发学生的创造性，培养他们的创新精神。应该鼓励学生积极思考问题，发展自己的想象力，培养他们的批判性思维和创造性思维。也应该提供具有挑战性的学习任务和问题，引导学生通过实践和探究来解决问题，培养他们的创新能力和实践能力。此外，还应该鼓励学生之间的交流和合作，促进他们互相学习和启发，激发他们的创新思维和合作精神。

（六）学生是有能动性的人

学生的能动性是教育活动中的重要因素，他们的能动活动是教育输入与输出之间的中介，决定了教育活动的复杂性和难度。为了激发学生的积极能动性，教师需要注重以下几个方面。

1. 激发学生的学习兴趣和动力

教师需要了解学生的兴趣爱好和学习需求，根据他们的特点设计有趣味性的学习活动，激发学生的学习兴趣和动力，让他们自觉地参与到学习过程中。

2. 引导学生自主学习

教师需要引导学生掌握正确的学习方法和策略，培养他们的自主学习能力，让他们能够独立思考和解决问题。同时，教师也需要给予学生足够的支持和指导，帮助他们克服学习中的困难和挑战。

3. 培养学生的自我管理能力

学生需要具备自我管理能力，包括时间管理、情绪管理和行为管理等方面。教师可以通过制定合理的规则和目标，帮助学生建立良好的自我管理体系，提高他们的自我管理能力。

4. 创造良好的教育环境

教育环境对于学生的学习和发展至关重要。教师需要创造一个积极、和谐、富有创造力的教育环境，让学生感受到安全、自由和尊重，从而更好地发挥他们的能动性和创造力。

5. 关注学生的个性化需求

每个学生都有不同的学习需求和学习风格，教师需要关注学生的个性化需求，提供个性化的教学和支持，让学生能够按照自己的节奏和方式进行学习和发展。

二、高校英语教学中学生信息化能力培养的路径

（一）创新教学方式

在信息化时代，将传统教学方式与信息技术相结合，创新教学方式是提高教学效果的重要途径。

第一，利用多媒体技术制作生动形象的课件。通过利用多媒体技术，教师可以制作出生动形象的课件，将抽象的知识点以更加直观、形象的方式呈现给学生。

第二，利用网络平台开展线上教学。网络平台的普及为教师提供了新的教学途径。教师可以利用网络平台开展线上教学，实现师生实时互动，让学生随时随地都能接受到优质的教育资源。线上教学还可以通过在线测试、在线讨论等方式丰富教学内容和形式，提高教学效果。

第三，采用翻转课堂、混合式教学等新型教学模式。翻转课堂、混合式教学等新型教学模式可以激发学生的学习兴趣和动力，提高教学效果。

（二）培养学生的学习能力

培养学生的学习能力比单纯传授知识更为重要。教师需要关注学生的学习特点和需求，注重培养他们的自主学习意识和习惯；同时还需要引导学生在实践中学会学习，利用网络资源提供丰富的学习材料和实践项目，鼓励学生通过自主学习和合作学习的方式提高学习能力。只有这样，才能更好地培养出具有创新思维和实践能力的新时代人才。

第一，关注学生的学习特点和需求。教师需要关注学生的学习特点和需求，了解他们的学习风格、兴趣爱好和认知能力等方面的差异。根据学生的实际情况，教师可以更好地设计适合学生的学习方案和教学策略，以培养学生的自主学习意识和习惯。

第二，培养自主学习意识和习惯。教师需要注重培养学生的自主学习意识和习惯。学生需要意识到学习是自己的责任，而不是教师的责任。教师可以给予学生一定的自主权和选择权，让他们自己制订学习计划、安排学习时间、选择学习方式等。同时，教师还可以通过奖励、鼓励等方式激发学生的自主学习动力和积极性。

第三，引导学生在实践中学会学习。教师需要引导学生在实践中学会学习。学生可以通过实践项目、实验操作、社会实践等方式，将理论知识与实际操作相结合，更好地理解和掌握知识。同时，实践还可以培养学生的动手能力、问题解决能力和创新能力等方面的能力。

第四，利用网络资源提供丰富的学习材料和实践项目。教师可以利用网络资源为学生提供丰富的学习材料和实践项目。网络上有很多开放性的教育资源，教师可以筛选适合学生的资源，推荐给学生。同时，教师还可以根据学生的实际情况和课程需求，设计一些具有挑战性的实践项目，让学生在实践中锻炼自己的能力和技能。

第五，鼓励学生通过自主学习和合作学习的方式提高学习能力。教师可以鼓励学生通过自主学习和合作学习的方式提高学习能力。自主学习可以培养学生的独立思考能力和解决问题的能力，而合作学习可以培养学生的团队合作能力和沟通能力。教师可以组织学生进行小组讨论、合作学习等活动，让学生在互相交流和学习中提高自己的能力。

（三）构建智慧教育环境

智慧教育环境可以为教师提供更好的教学支持和资源共享。学校需要加强数字化校园和智慧教室的建设，为教师提供智能化的教学工具和资源；同时还需要加强与校外企业和科研机构的合作，为教师提供更多的学习和实践机会。通过智慧教育环境的建设和完善，可以提高教师的教学水平和教学质量，培养出更多具有创新思维和实践能力的新时代人才。

第一，数字化校园和智慧教室的建设。学校可以建设数字化校园和智慧教室等教育环境，为教师提供智能化的教学工具和资源。数字化校园可以包括多媒体教室、电子图书馆、在线学习平台等设施，为教师提供便利的教学条件和丰富的教学资源。智慧教室可以通过智能化的教学设备和工具，实现个性化教学和互动式学习，提高教学效果和学生的学习体验。

第二，教学支持和资源共享。智慧教育环境可以提供更加完善的教学支持和资源共享服务。教师可以通过数字化校园和智慧教室等平台，获取丰富的教学资源、课件、案例等素材，同时也可以与其他教师进行交流和分享，促进教学水平的提高。此外，智慧教育环境还可以支持在线测试、在线讨论等功能，方便教师开展多样化的教学活动。

第三，与校外企业和科研机构合作。学校可以加强与校外企业和科研机构的合作，为教师提供更多的学习和实践机会。通过与企业、科研机构的合作，教师可以了解到行业最新的技术和趋势，掌握实践技能和经验，同时也可以将理论知识与实践相结合，提高教学质量和自身的学术水平。

第四，智能化的教学管理和评估。智慧教育环境可以支持智能化的教学管理和评估。通过数字化校园和智慧教室等平台，教师可以实现对学生学习情况的跟踪和管理，及时掌握学生的学习情况和需求。同时，通过对学生的学习数据进行分析和处理，教师可以对教学效果进行评估和反馈，及时调整教学策略和方法，提高教学质量。

第三节　高校英语教学数字化教学资源的利用

一、数字化教学资源

（一）数字化教学资源的概念

数字化教学资源是指经过数字化处理，可以在计算机或网络上运用的教学资源。利用数字化教学资源的学生可以不受时空和传递呈现方式的限制，通过多种设备，使用各种学习平台获得高质量课程相关信息，可以实现随意的信息传送、接收、共享、组织和储存。

（二）数字化教学资源的特点

数字化教学资源的特点主要包括以下几个方面。

1. 多样性

数字化教学资源以电子数据的形式存在，可以通过各种媒体形式呈现，包括文本、图像、声音、动画和视频等。

文本是一种基本的媒体形式，可以提供详细的解释和说明，帮助学生理解概念和理论。图像可以直观地展示概念、流程和现象，帮助学生更好地理解和记忆。声音可以提供语音解释和指导，帮助学生更好地理解课程内容。动画可以模拟复杂的流程和动态过程，帮助学生更好地理解复杂的概念和过程。视频可以提供实时的、真实的场景和事件，帮助学生更好地理解课程内容，并增强其学习兴趣和动力。这些媒体形式可以单独使用，也可以组合使用，以提供更加丰富和生动的教学内容。

2. 共享性

利用电子读物或网络课程实现的资源共享传播面比普通信息资源共享的传播面要大得多。

电子读物，如电子书、电子期刊等，可以通过互联网进行广泛的传播和分享。这些电子读物通常包含了大量的文本、图像、声音、动画和视频等媒体形式的内容，可以提供更加丰富和生动的学习体验。通过网络课程，人们可以方便地分享和传播高质量的教学内容，使更多的人可以获得优质的教育资源。

相比之下，普通的信息资源共享通常只能通过传统的渠道进行传播，如纸质书籍、报纸、杂志等，其传播范围和受众群体相对较小。因此，利用电子读物和网络课程实现的资源共享具有更大的覆盖面和影响力，可以更好地满足人们的学习需求。

同时，数字化教学资源的共享还可以促进教育公平和普及。通过互联网和数字化技术，人们可以跨越地域和时空的限制，随时随地获取所需的学习资源。使更多的人可以获得高质量的教育资源，提高其素质和能力，进一步推动社会的发展和进步。

3. 扩展性

数字化教学资源的扩展性主要表现在可操作性和可再生性。可再生性是指数字化教学资源具有可持续使用的价值，不仅可以满足当前的教学需求，还可以适应未来的发展需要。

可操作性是指数字化教学资源具有可修改、可扩展、可定制等特性，可以根据实际需求进行修改和定制，以满足不同的教学需求。这种可操作性使得数字化教学资源具有更大的灵活性和适应性，可以更好地支持学生的创造力和创新思维的发展。

4. 工具性

数字化教学资源是一种具有工具性的学习资源，可以辅助教师进行教学，同时也可以帮助学生更好地学习和理解知识。

数字化教学资源作为一种现代化的教学工具，可以为教师提供更加便捷、高效的教学手段。例如，数字化教学资源可以提供多媒体课件、教学视频、模拟实验等多种形式的教学内容，帮助教师更好地呈现知识点和技能点，提高教学效果。同时，数字化教学资源还可以为教师提供更加准确、及时的学习反馈和评估，帮助教师更好地了解学生的学习情况和需求，及时调整教学策略。

对于学生来说，数字化教学资源可以为其提供更加个性化、自主化的学习方式。学生可以根据自己的学习需求和兴趣选择适合自己的学习资源，自主安排学习进度和方式。同时，数字化教学资源还可以为学生提供更加丰富、多样化的学习内容，包括文本、图像、声音、动画和视频等多种媒体形式的内容，帮助学生更好地理解和掌握知识。

5. 便捷性

数字化教学资源通常以电子数据的形式存在，可以通过互联网进行广泛传播和分享。学生可以通过电脑、手机、平板等设备随时随地访问数字化教学资源，不受时间和地点的限制。同时，数字化教学资源也具有多样化的传递呈现方式，包括文本、图像、声音、动画和视频等多种形式，可以满足学生的不同学习需求和兴趣。

数字化教学资源可以实现随意的信息的传送、接收、共享、组织和储存。学生可以通过网络平台进行在线学习、讨论和协作，实现信息的实时传递和共享。同时，数字化教学资源也可以方便地进行存储和备份，保障学生的学习数据和信息安全。

6. 灵活性

数字化教学资源具有灵活性的特点，它可以适应不同的学习需求和教学情境。数字化教学资源可以在任何时间、任何地点进行访问和学习，不受时间和地点的限制，因此学生可以根据自己的学习进度和需求，灵活地安排学习时间和地点。

数字化教学还为学生提供了更多的合作学习机会和社交互动。学生可以通过在线讨论、互动问答、协作学习等方式与同学和老师进行交流和合作。这种学习方式不仅可以增强学生的学习效果和能力，还可以培养学生的团队合作能力和社交能力。

二、高校英语教学数字化教学资源的利用策略

（一）基于移动学习平台的高校英语教学模式构建

1. 移动学习平台的内涵

在明确"移动学习平台"前，我们首先了解一下"移动学习"。"移动学习"是信息时代的一种新型且不孤立的学习方式，它可以帮助教师与学生随时随地利用碎片化的时间进行学习，增进师生间的双向沟通和交流。移动学习平台就是为了便于开展移动教学活动，被移动学习研究人员所开发出的软件应用系统，它相当于是移动学习的外在终端，是一个集移动学习资源、学习活动、人际交互及社会认知等多种服务在内的载体，能够为学生的学习提供全方位的引导。简言之，移动学习平台可以看作所有能够实现"移动学习"平台的一个总称。需要注意的是，本书所提到的"在线学习平台"与"移动学习平台"意义等同，二者都是能够解决移动学习需求的系统平台，比如学习通、钉钉、雨课堂、慕课等。

2. 移动学习平台的结构设计

移动学习平台"实用性、易用性、个性化、安全性"四大建设原则，分别对应平台核心内容层、界面层、业务逻辑层和数据访问层上的四项设计，如图3-1所示。在移动学习平台中，核心内容层负责功能和内容表达，知识结构的构建应注意结合知识理论基础，安排学习内容，设计学习功能，即知识性设计；界面层负责展示和操作，应注意内容增加互动体验、界面友好，保证学习路径通畅，即交互性设计；业务逻辑层负责数据处理，应该充分考虑学习者的特征，充分利用多媒体技术来创设学习情境，即情境化设计；数

据访问层负责用户界面数据的存储和访问,应建立完善的安全管理机制,对移动学习平台的安全性进行不断的监测和评估,以确保用户的信息安全,即安全性设计。

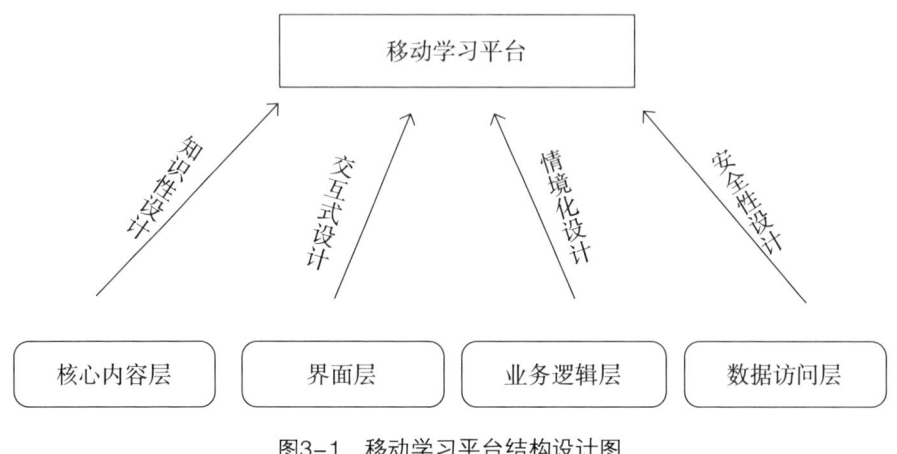

图3-1 移动学习平台结构设计图

3.移动学习平台在高校英语教学中的应用

当下,移动学习平台已经逐步地应用到了高校英语的教学当中,教师与学生也都已经逐渐熟悉了这样的教学模式,那么移动学习平台在高校英语教学当中有哪些好处呢?

（1）增强教学直观感受,激发学生学习兴趣

从心理学的角度分析,学生在学习的过程当中,如果没有一个愉悦的心情和一个浓厚的兴趣,就不能对学习产生兴趣,反而会被当成一种负担。英语的学习本身是枯燥的、抽象的,将移动学习平台应用到高校英语的教学中,不但能够将抽象的知识转变为更加形象、有趣的内容,还可以为学生营造一个可听、可视的英语环境,并创造一个悦耳、悦目、悦心的交际场景,这样的方式能够极大地调动学生学习英语的积极性,使他们能够怀着一种愉悦的心情进行学习,从而更自觉地与教师进行英语口语的交流与互动,而且在讲解一些内容抽象的文章时,移动学习平台还可以为学生提供一个更加直观形象的场景,在观看场景的同时,能够更加深刻地理解并记忆相关的知识点。另外,这种运用移动学习的方式能够将课堂当中

的英语教学逐渐地延伸到课堂之外，学生对移动学习的兴趣是不言而喻的，所以将移动学习平台与英语学习结合，能够加强学生对于英语网络学习的兴趣，让学生在课余时间可以自主地进行学习，有效地提高大学生的英语综合应用能力。

（2）拓展学生思维空间，增强学生理解能力

移动学习平台中的高校英语教学一般以图文结合或视频的方式为主，这样的方式能够潜移默化地增强学生的思维，丰富学生的想象力，学生对视频与图片的理解永远大于对文字的理解。移动学习平台能够不断地拓展学生的思维能力，激发学生的再造形象。在视觉与听觉相结合的立体空间内，充分地展开想象，并不断地畅谈自己内心的感受，加强自身的理解能力，并更快更好地投入英语的学习当中。英语教师还可根据教学的实际，对视频进行一定的修改，将一些简单易懂的对话内容进行消音处理，让学生对课程产生一定的兴趣，并可以在讲解课文后，让学生进行配音，加深学生对于课文的理解与印象，从而更好地对学生进行发散性思维的培养。

（3）减少"哑巴英语"的出现

以前，我们国家在英语学习方面更加注重学生"听"与"写"的能力，缺少对学生"说"能力的培养，导致一段时间内我们所学习的英语知识只能是"哑巴英语"，不能进行实际的应用。"说"其实是英语教学中最直接也最常用的交际方式，也是英语教学的重要组成部分。学生在高校英语的课堂当中很少有机会开口说英语，能够直接与外国人进行交谈的机会更是少之又少。移动学习平台能够轻松地解决这一问题，它能够通过一些社交平台或是一些网络软件进行虚拟人物的对话，还能够通过耳麦对学生所说的英语进行分析与评定，指出学生发言或是语音当中的失误，这样的方式能够真正地让学生开口说英语，并形成优美的语音语调，进而培养学生对英语的语感。

（4）扩大英语教学范围，拓宽学生知识面

将移动学习平台融入高校英语教学中，能够极大地扩大高校英语教学的范围以及教学的课堂容量，使课堂内容更加充实。移动学习平台不但能够为学生提供不同电子版的英语教材，还能够为学生提供相关的阅读、写作、听力等学习资料，甚至还能够提供相关的教学设计、学术论文等。教师可以直接利用这些教学资料与资源对学生进行相关的教学，让学生的学习范围从

"教材"当中跳出来,不断地拓宽学生的知识面,增加学习的时间及空间,让课堂焕发出新的生机。

（5）满足大学生的自主学习需求

大学生正处于身心快速发展时期,对课程学习有自己的想法,尤其在听力和口语训练中,具有明确的学习标准与要求。只有在网络环境下进行教学模式的优化与创新,从学生角度出发,才能确保与时俱进,更好地满足大学生群体对英语课程的学习需求。合理借助网络教材资源,使英语教材内容得到丰富,快速拓宽教学范围,快速获取最新信息,确保高校英语教学更加切合实际,具有实用性、有效性。对大学生来说,开展学习只需操作鼠标,便可以快速获取目标内容,不同主题内容的跳转更加方便,语言知识的连接更加轻松、高效。不仅如此,通过网络教学,大学生可以自由选取多种测试活动,与教师开展互动交流,拉近师生距离,由教师帮助学生解决课程学习中的重点难题。通过生生之间的互动交流,使学习资源传递更加有效,并在合作学习中增强团队合作意识,丰富自身知识体系。总的来说,在网络英语教学中,英语课程教学更加灵活多样,学生可以穿梭在不同教材内容、知识点中,实现自主浏览、学习与复习,极大程度满足现代大学生的英语学习需求,夯实其英语知识基础。

（6）营造良好的英语教学氛围

现阶段,国内许多高校已从传统教学模式转向信息化教学,搭建全新的网络英语教育平台,在现代网络技术的带领下,以网络平台为基础,为教师与学生提供良好的学习交流与互动平台,进一步实现"一对一、一对多"的口语、听力训练,使传统英语课程教学中,"重阅读、轻听说"问题得到有效改善,让学生在轻松、愉快的环境氛围中,获得更多宝贵的英语知识。学生操作多媒体技术,结合自身学习需求与能力水平,播放难度适中的复读课文,跟随文章内容进行模仿跟读和语音比对,并在英语教师的悉心指导下,使不正确的语音、语调得到及时纠正。网络学习平台提供的教材资源库,将更多不同层级的听力、阅读、口语优质教材资料提供给学生,能够有效改善不同层次学生之间的需求矛盾问题,使每个人得到适合自己的资源,既优化了高校英语教学的形式与过程,又大胆突破了传统教学模式下教材、时间、空间的限制,有利于"循序渐进、因材施教"教学观念的深入贯彻落实,为高校英语教学搭建更为舒适、直观、实用的语言交流环境，让大学生在知识的海洋中快乐遨游。

4. 移动学习平台在高校英语教学中的应用

（1）教师做好备课工作

移动学习平台的推行，为教师的教学提供了一定的帮助与参考。教师不应完全地依赖移动学习平台的功能，应有计划地对教学方法、教学内容进行思考，将课堂内与课外活动等与移动学习平台进行有机的结合，不能喧宾夺主，当发现学生在课外活动当中存在一定的问题时，及时地进行解答。同时，在移动学习平台上分享英语相关的资源时，应做到与课堂当中的课程内容相衔接，在提供给学生资料时应注意是否符合学生的学习情况，不能随意分享。

（2）加强对学生的监督

在移动学习平台中进行教学或发布相关的教学任务时，教师应对学生的完成情况进行及时的了解，并督促学生对教师发布的任务及时地完成。同时，教师也可以设计出属于自己的一套监督模式，在移动学习平台发展的当下，教师的监督可能会存在一定的漏洞，所以对学生自律性与自主性的引导极为必要，教师在教学的过程当中可以对学生的自主能力进行培养，使学生深刻地意识到自主学习的重要性，明白学习英语的意义，加强学习英语的兴趣。

综上所述，就高校英语教学而言，移动学习平台的融入是很有必要的，高校英语学科是一门基础学科，如果能够充分地利用移动网络便捷、直观、吸引学生的特点，充分为学生提供一个丰富的教学环境与教学情境，不但能够拓展学生的思维空间，增强学生对英语学科的理解能力，还能够扩大高校英语的教学范围，拓宽学生的知识面，增强学生对于英语教学的直观感受，并激发起学生学习英语的兴趣，减少"哑巴英语"的出现，这将会大大地提高学生学习英语的效果。

（二）基于智慧测评云平台的高校英语教学多模态评价模型构建

1. 智能测评云平台分析

（1）iTEST智能测评云平台

iTEST智能测评云平台是外研社Unipus旗下的在线测试平台，专注于为高校外语教学提供在线测评资源与服务。iTEST基于云服务的基础架构和大数据分析的核心理念，支持各类规模、多种模式的考试，将日常教学、自主学习和测试评估有效结合，通过高质量云题库、个性化题库管理系统以及覆盖测评全流程的在线管理系统，为院系建立多维度评价体系、进行数字化教学评估提供专业的解决方案，为高校创新教学模式、开展课题研究、增进合作交流提供强有力的支持与保障。

（2）iWrite英语写作教学与评阅系统

iWrite英语写作教学与评阅系统基于对高校英语写作教学的深入研究而设计，能够实现对语言、内容、篇章结构、技术规范四个维度的机器智能评阅，并能深度结合机评与人评，以机评促反馈，注重教学过程中的师生互动，全面助力教师提升写作教学效果，帮助学生真正提高写作水平。

（3）FiF口语训练系统

FiF口语训练系统是基于科大讯飞核心智能语音技术，配套丰富的英语听说智能评测训练内容的教学与管理系统，可支持高校师生灵活开展英语教学活动。采用科大讯飞智能语音、语义评测技术，能够对英文的朗读发音进行评分和定位，还能对英语半开放、开放题型进行语义评分。

（4）Utalk2.0视听实训智慧学习平台

Utalk2.0视听实训智慧学习平台，是由外研在线自主研发的、专注于英语听说训练的智能学习平台。平台将任务驱动教学管理和学生自主学习相结合，提供全方位的学情监控和智能听说能力分析报告，通过科学的学习和训练提升学生英语听力和口语能力。Utalk2.0为学生提供了丰富的高质量课程和训练资源，内容从"基础口语"到"行业英语"，形式从"基本跟读训练"到"影视作品配音"，充分体现"学习者中心"和"情景语言教学法"等教学理念，引入碎片化学习、游戏化激励机制等概念，力求为学生打造轻松有效的英语听说训练体验。

（5）iTranslate翻译软件

iTranslate是一款功能强大的翻译软件，它支持多种语言之间的互译，让用户可以方便快捷地进行交流。

iTranslate还拥有自动语音识别和翻译功能，可以将用户说的话转换为文字，并将其翻译成目标语言。此外，iTranslate还支持手写翻译和剪贴板翻译，满足用户不同的翻译需求。

①多语言翻译

iTranslate支持超过100种语言之间的翻译,包括但不限于英语、德语、法语、日语、韩语、中文等。用户可以在软件中选择两种语言进行翻译,轻松完成语种之间的互译。

iTranslate有一个易于使用的用户界面,用户可以通过简单的几步操作就可以获得翻译结果。在输入框中输入要翻译的文本,选择源语言和目标语言,点击"翻译"按钮即可获得翻译结果。

②语音识别和翻译

iTranslate的语音翻译功能可以将用户说的话转换为文字,并将其翻译成目标语言。这个功能包括自动语音识别和翻译两个步骤。用户只需要按下"说话"按钮,说出要翻译的话,然后iTranslate就可以立即转换为目标语言,让用户实现快速、准确地交流。

③手写翻译

iTranslate还支持手写翻译功能,用户可以使用手写笔在软件中写下要翻译的文字,iTranslate会自动将手写文字转换为电子文本,并翻译成目标语言。这个功能让用户可以更加直接地进行交流。

④剪贴板翻译

iTranslate还支持剪贴板翻译功能,用户可以将需要翻译的文本复制到剪贴板中,然后在iTranslate中点击"粘贴"按钮,即可获得翻译结果。这个功能使用户可以在其他应用程序中复制所需翻译的文本,然后在iTranslate中进行翻译。

2.智能测评云平台在高校英语教学中的应用原则

(1)客观性原则

智能测评云平台的客观性原则是指在进行高校英语教学评价时,不论是测量标准、测量手段的选择,还是得到的评价结果,都要与客观实际相吻合,不能掺杂主观想法,因为高校英语教学评价其目的就在于为教师和学生提供客观的价值判断,评价结果一旦存在主观臆断,那么该评价就会失去其真正的价值和意义。此外,可能还会提供一些偏差的反馈信息,最终导致不恰当的教学修改方案。

（2）整体性原则

智能测评云平台的整体性原则是指在进行高校英语教学评价时，要从教学活动组成的多个角度出发，进行全面的评价，避免出现只看某个方面而忽略其他因素的情况。同时，在实际教学过程当中，教师和学生所面对的教学系统是多样的，教学任务也常有不同，这导致教学质量可以从不同角度体现出来。因此，将定性评价和定量评价相结合，二者进行互补，以得到对评价客体全面准确判断的最终效果，需要注意的是，要把握轻重缓急，分清重要等级。

（3）指导性原则

智能测评云平台的指导性原则是指在进行高校英语教学评价过程中，不能为了做而做，要拓宽眼界，将评价和指导融会贯通，对于评价结果从多个角度发现因果关系，找到问题所在，为被评价主体提供及时的、有意义的信息反馈，从而给被评价主体明确的改进方向。

（4）科学性原则

智能测评云平台的科学性原则是指在进行高校英语教学评价时，不仅是老师的角度，还需要考虑学生，这也与我们遵循的教与学相统一的原则契合，即在教学目标的作用下，制定合理的评价标准，认真编制、修订评价工具，同时也要注意选择与教学场景相匹配的评价测量工具。在先进的测量工具、科学的统计方法和评价程序的辅助下，对教学过程中所产生的各种数据进行处理，而不是仅仅依靠已有经验得出结果，这种结果带有较强的个人情感色彩。

3. 智能测评云平台在高校英语教学中的应用方法设计

随着物联网、大数据、人工智能等新兴技术的发展，新技术力量不仅敲开了智慧课堂的大门、重新构建了教育服务体系，还推动了智能教育评价的发展进入了一个新阶段。教育评价研究的重心也逐渐偏细粒度化，即从对学习行为规律的整体探讨，演变为关注学习者的情感、认知和元认知等的研究。获取数据方式也从单一模态变成多模态。

当前智能测评云平台环境下所产生的数据，大致可以分为来自物理空间和数字空间，将来自不同空间的数据与学习情景中的行为、情感、认知等相关理论联系，实现了基于智能测评云平台下多模态的学习评价方法的目标与价值。

(1) 多模态评价方法空间结构模型

大数据与教育之间频繁的交互，为高校英语教学评价在广度和深度上的发展带来了新机遇，以获得学习行为和处理技术之间的新机遇，学习活动和分析技术建立紧密联系。为了深入理解该评价方法的内在工作机制，从构建空间结构模型和分析框架进行剖析，以理解其本质。

智能测评云平台场景下物理世界和数字世界的有效结合，对学习者的学习过程进行分析不再像之前那样效率低下。我们将多模态的信息空间划分为操作空间、评价空间和资源空间这三个空间，并对三个空间的关联和实质进行系统分析，使多模态数据、评价模型和学习理论这三者在微观上得以架构。多模态学习评价方法的空间结构模型如图3-2所示。

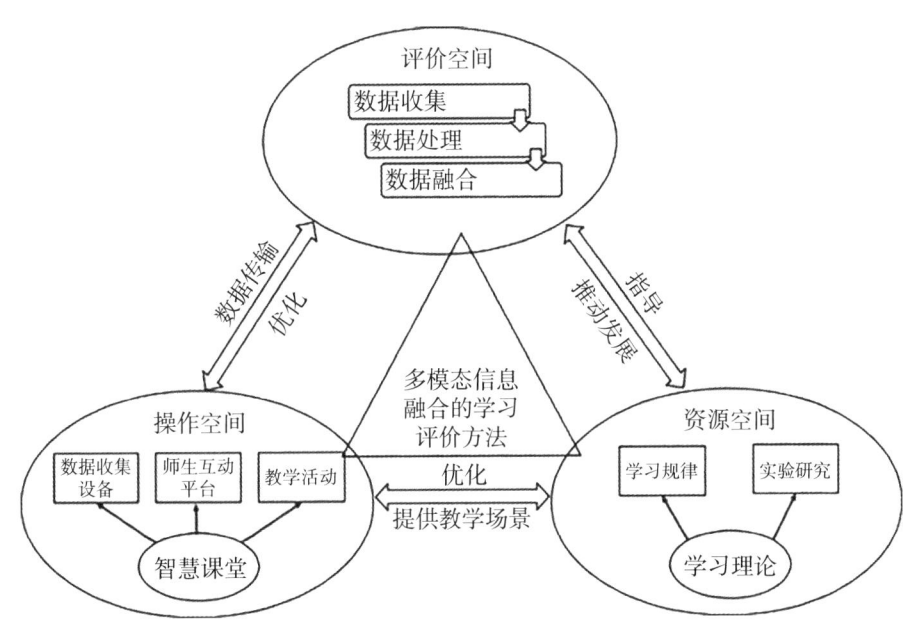

图3-2　多模态的高校英语教学评价方法的空间结构模型

多模态的高校英语教学评价方法的空间结构模型始终保持在动态平衡、相互制约的状态，在操作空间中学习者在学习过程中与学习环境、教师交互产生的数据传输到评价空间中。在评价空间中需要对数据进行预处理、针对不同模态数据融合策略的选择和利用深度学习识别，使决策结果可视化。其中，某个空间改变时，其他空间也随之改变。例如，资源空间的很多研究和理论都需要借助操作空间具体实施；反之，随着学习相关理论不断更迭，所需要的操作空间中教学环境以及数据收集设备也要及时改进。

(2) 多模态评价方法

多模态的高校英语教学评价方法的应用不只针对一门学科，应是对大多数学科都适用，因此其具有跨学科性的特点。教育学和心理学的相关理论（如建构主义理论、多元智力理论）为其提供理论依据、人工智能为其提供技术支持、智慧课堂学习环境为其提供数据来源。多模态表征技术作为高校英语教学评价的新应用，涉及多模态数据采集与预处理、特征提取、深度学习建模等步骤，得到识别结果后，选择合适的融合方式。该评价方法的核心是通过对学习者的认知注意力、学习情感、课程接受度这三个维度的数据进行处理、分析，得到评价结果。因此，基于多模态的高校英语教学评价方法分析框架，如图3-3所示。

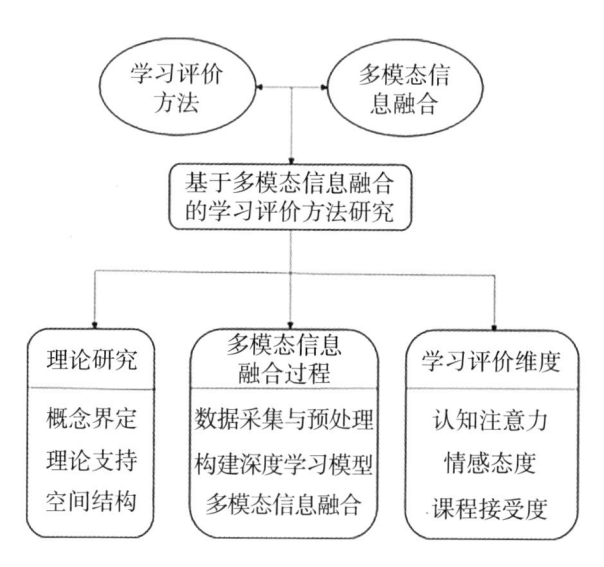

图3-3 基于多模态信息融合评价方法分析框架图

多模态的高校英语教学评价方法是从多个维度采集学习数据、进行同步多模态信息融合表征，利用深度学习模型进行数据建模最终得到可视化解释的方法，目的在于得到比单模态信息更丰富的信息，不仅仅是数据表面的信息甚至于数据间不易被察觉的信息，使数据价值最大化，以推进教育大数据的高质量应用。学生在学习过程中产生的数据类型较多，如视频数据、语音数据、生理信号数据等，这些多模态数据可以将学习者的学习过程完整地记录下来。多模态信息融合首先从各模态数据中提取所测量的向量，其次选择科学的融合方法进行融合获得带有信息的特征向量。深度学习建模作为学习评价的重要工具使得海量数据得以高效处理，通过输入数据、提取特征信息进行识别、分类、决策，为及时评价和干预提供依据，该部分真正实现了底层数据与高层学习理论的连接。

（3）多模态评价方法模型

多模态的高校英语教学评价方法的空间结构模型充分体现了该评价方法的本质特征是一个循环工作过程，即从教学活动出发，进行智能化分析后最终反过来指导教学活动。该评价方法具有周期性的特点，借助模型探索教育数据背后的隐藏价值，最后回归到教育中。基于此，该评价方法模型的五个步骤分别为：多模态数据的收集、数据处理、数据建模、可视化及教育意义解释、教学干预和反馈等，如图3-4所示。

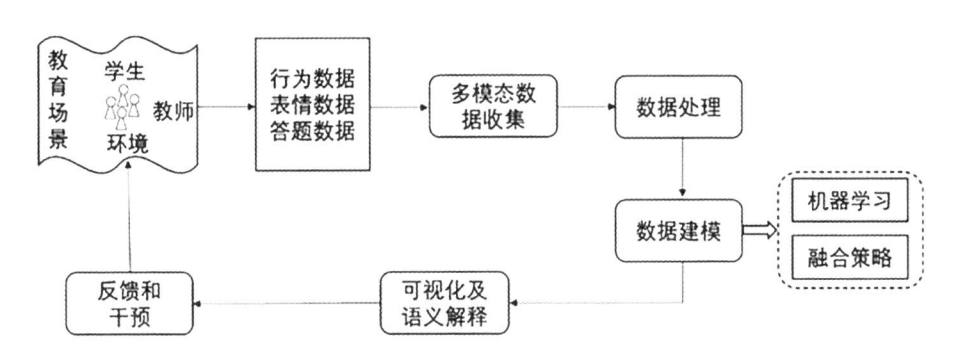

图3-4 多模态的高校英语教学评价方法模型

收集的学生行为、表情数据无法直接用于特征处理分析，需对这些原始数据进行处理。数据建模作为该评价过程的核心，包括机器学习、融合策略的选择。机器学习融合表达是进行评价的核心，包括各模态特征提取、机器学习建模和预测等。可视化及教育意义解释是利用机器学习训练得到的结果可视化,并结合相关的学习基础理论知识进行解释。反馈和干预阶段根据上一级的结果,为学生提供个性化干预措施与自适应反馈信息,进而引导学生更好地掌握学习内容和提高学习效果。

第四章　教育信息化时代高校英语教学的内容

　　信息技术快速发展，并日益深入社会生活的各个方面，在高校英语教学领域同样也不例外。高校英语词汇、语法知识教学与听、说、读、写、译基本技能教学是高校英语教学的重要组成部分，学生只有熟练掌握这些基本知识与技能，才能真正提高英语综合运用水平。本章就来具体分析教育信息化时代高校英语教学的内容。

第一节　高校英语词汇与语法教学

一、英语词汇与语法知识

（一）英语词汇知识

将英语作为第二语言的学习者，通常是为了运用英语进行交流。研究表明，尽快掌握2000~3000个最常用的单词对于语言学习者用英语进行口头和书面交流至关重要。根据《中国英语能力等级量表》，中国英语学习者和使用者的英语能力包括语言理解能力、语言表达能力、语用能力、语言知识、翻译能力和语言使用策略等，其中语言知识包括组构知识和语用知识。组构知识中的语法知识则包括语音系统和书写形式知识、词汇知识和句法知识。可见，词汇知识是测量中国英语学习者和使用者的英语能力的不可或缺的基本要素。那么，在英语教学中，词汇教学则是不可忽略的基本环节。因此，探索和开发有效的词汇教学模式对学生打好语言基础、提升语言能力、培养核心素养有重要意义。

（二）英语语法知识

1. 语法的定义

在语法教学中，必须明确语法的定义。但由于研究方向的不同，研究者对语法的理解和解释也不尽相同。最常见的语法定义是，它是一组描述句子或句子的部分结构的规则。[1]Ur粗略地将语法定义为"一种语言操纵和组合

---

[1] 戴炜华.新编英汉语言学词典[Z].上海：上海外语教育出版社，2007.

单词（或单词位）以形成更长的意义单位的方式。"①

Thornbury（2002）将语法定义为对构成句子的规则的描述，并包括这些形式所传达的含义。②

奥克斯福德（Oxford，2017）将语法描述为一种惊人的力量，它将单词连接到句子中，赋予它们深度，澄清它们的含义，并使它们成为理想的沟通实践。③

Larsen Freeman（2015）认为语法是一种技能或动态过程，而不是一个静态的知识领域，语言学习者使用语法来创造信息的过程，就是通过对一组单词进行语法化或添加语法来创造更细微的意义区别。④

2. 语法能力的定义

研究人员对语法能力的定义有不同的看法。"能力"的概念起源于1965年美国语言学家乔姆斯基提出的"语言能力"。他认为，语言能力是指语言学习者在最理想的状态下掌握的语法知识，这几乎等同于语言能力和语法能力。乔姆斯基的理论只包括语法规则的知识，而忽略了语言的使用。

Larsen Freeman（1991）从形式、意义和使用三个维度对语法能力进行了定义。这三个维度是相互关联、相互作用的。⑤

Larsen Freeman（2003）认为，"把语法看作无意义的、非文本化的非活动结构的不连贯集合是不可取的。也不利于把语法独立地看作语言知识的规定性规则，例如用介词结束句子。语法结构具有在适当的语境中表达意义的形式。"Larsen Freeman高度肯定了语法能力的地位，认为语法能力应被视为

---

① Ur P. Grammar practice activities：A practice guide for teachers[J]. Cambridge：Cambridge University，1998：4.
② Thornbury S. How to Teach Grammar[M]. New York：Pearson Education，2002.
③ Oxford R L. Teaching and Researching Language Learning Strategies：Self-regulation in Context（2nd ed.）[M]. New York：Routledge，2017.
④ Larsen-Freeman D. Celce-Murcia M. The Grammar Book：Form, Meaning, and use for English Language Teachers[M]. Boston：National Geographic Learning，2015.
⑤ Larsen-Freeman D. Teaching Grammar[A]. Teaching English as a Second or Foreign language. Ed. Celce-Murcia, M. Boston：Heinle&Heile，1991.

与听、说、读、写平行的第五种技能。Long（1983）还认为，语法在完成由四种语言技能和词汇构成的交际任务中起着至关重要的作用。①

国内学者马光辉和文秋芳（1999）认为语法能力是对语法知识的理解和运用的总和。语法知识的理解包括对语法规则的认识和理解，而语法知识的应用则侧重于语法规则在句子结构中的应用。②

徐晓燕和徐露明（2009）认为英语语法能力有两个方面的内容，即语言知识和语言运用。同时，将学习者的英语语法能力等同于句法能力，将其界定为在句子表层结构层面上对语法规则的理解和运用。③

总之，随着对语言学习者实际运用语言能力的日益重视，语法能力的意义也得到了重塑和重新表述。本书中的语法能力是指学习者运用语法规则和语法知识准确理解语句含义的能力，并且恰当地将语法规则和语法知识运用到生活中的能力。它不仅仅局限于语法知识，而是包括学习者正确、有意义、恰当地运用语言的能力。尽管乔姆斯基的理论赋予语法的意义有限，但人们越来越重视语法的应用，而不是仅仅掌握语法知识。

综上所述不难看出，在第二语言的学习中，语法能力很重要。语法能力的培养不但能够帮助学生提高运用英语语法的能力，同时也能增加理解和运用语言的准确性。

3.语法教学的定义

语法教学的价值问题几十年来一直是教学界争论的焦点，大多数语言研究者都认为语法教学是非常必要的。例如，Hinkel和Fotos（2002）认为语法教学可以提高学习者的熟练程度和准确性，使其语法系统更容易内化，在交际和互动活动的形式下进行显性语法教学的优点之一是在学习者已经知道的

---

① Long M. Does Second Language Instruction Make a Difference?A Review of the Research[M]. TESOL Quarterly, 1983.

② 马广惠, 文秋芳. 大学生英语写作能力的影响因素研究[J]. 外语教学与研究, 1999（4）: 34–39+78.

③ 徐晓燕, 徐露明. 英语专业学生英语语法能力的变化和发展[J]. 外语教学理论与实践, 2009（3）: 1–14+34.

基础上规划任务和课程。①

Ur（1996）在其题为"教学语法"的章节中有关于"呈现和解释语法"和"语法练习活动"的部分。②

Hedge（2000）在其名为"语法"的一章中同样只考虑了"呈现语法"和"练习语法"。这构成了语法教学的一个过于狭隘的定义。可以看出传统语法教学将语法结构的呈现和实践相分离。③

Thornbury（2003）将语法教学描述为"按照语法教学大纲进行教学，并使用语法术语明确表达语法规则。"但这种对语法教学的理解在某种程度上使课堂充满了讲解和练习。④

Ellis（2006）对语法教学进行了一个相对宽泛的定义：语法教学涉及任何教学技能，这种教学技能可以让学生关注某种特定的语法形式，从而帮助他们从元语言上理解它或在理解中处理它，从而使他们能够将其内化。⑤

徐晓燕，徐露明（2019）声称给学生一个语法规则并要求他们应用它是语法教学的一种方式，而让学生接触许多特定结构的例子，不那么直接和更含蓄的活动也同样重要。⑥这与Ellis的观点非常相似。

教师需要拓展语法的定义，并且将教学思路打开，从语法只能通过背诵记忆来学习的想法中解放出来，要充分发挥教师的创新能力，设计丰富的课堂活动，而不是让学生死记硬背。

语法教学是教师通过课堂教学活动向学生传授语法构成规则、让学生获

---

① Hinkel E, Fotos S. New Perspectives on Grammar Teaching in Second Language Classrooms[M]. Mahwah, NJ: Lawrence Erlbaum, 2002.

② Ur P. A Course in Language Teaching: Practice and Theory[M]. Cambridge: Cambridge University Press, 1996.

③ Hedge T. Teaching and Learning in the Language Classroom[M]. Oxford: Oxford University Press, 2000.

④ Thornbury S. How to Teach Grammar[M]. Beijing: World Knowledge Press, 2003.

⑤ Ellis R. Current Issues in the Teaching of Grammar: An SLA Perspective[M]. TESOL Quarterly, 2006: 84.

⑥ 徐晓燕，徐露明. 英语专业学生英语语法能力的变化和发展[J]. 外语教学理论与实践，2009（3）：1-14+34.

得语法知识并以此为基础培养学生听、说、读、写等技能的语言教学活动。语法教学是英语教学中的重要部分,语法教学在英语教学中必不可少。在教授语法时,我们通常会使用不同的语法教学方法和策略来达到让学生理解和使用语法知识的目的。

二、教育信息化时代高校英语词汇与语法教学的策略

(一)教育信息化时代高校英语词汇教学的策略

1. 运用信息技术

信息技术的运用发挥了重要的作用,尤其在教学领域中的作用极为突出。在传统教学中,在学习英语词汇时往往需要同时记忆其汉语词汇,给学习带来双倍压力。利用信息技术,能够将英语词汇所对应的汉语意思用图片的形式展现出来,帮助学生以更加直观的形式理解英语词汇,让词汇的学习变得更加简单,更加生动。当学生对词汇的记忆与理解越来越快速,越来越熟练时,自信心也能够随之增强,英语思维也能够随之得到锻炼与培养。

2. 发挥交际活动的作用

如何提高教学质量成为英语词汇教学的主要难点,而发挥交际活动的作用,可以快速达到这一目标,确保教学的有效性。实际教学过程中,教师若想显著提升学生的英语能力,实现深度学习,应从听、说、读、写四个方面培养学生。基于此,应在英语词汇教学过程中,将交际活动的作用充分体现出来,改变课堂教学氛围,拉近师生之间的距离,学生可以主动向教师阐述英语词汇学习中存在的问题,教师及时调整教学方案,有助于教学工作顺利进行,提高教学效果,并规定时间内完成教学任务。

另外,教师还应适当调整教学方法,避免学生抵触英语学习,或者产生较大的学习压力。在英语教学过程中交际活动是伴随着情感交流而进行的。通过积极的情感交流能够提升学生的学习兴趣与爱好,培养学生的自信

心，增强学生的创新意识与合作精神，在交流过程中要让每一名学生都参与其中。教师在布置活动任务后要及时针对性格内向、不善交际的学生提供适当的帮助和指导，缓解学生的焦虑情绪。可以将不同性格、不同学习基础的学生分为一组，发挥组内互帮互助的带动作用，让学生有更加广阔的交流空间。

（二）教育信息化时代高校英语语法教学的策略

1. 设计教学游戏，激发学习兴趣

在英语语法教学活动中，设计教学游戏是激发学生学习兴趣、培养学生学科爱好、集中学生注意力的有效策略之一。兴趣是最好的老师，在教学过程中，教师应以兴趣培养为主，在学生情绪饱满的状态下渗透语法知识。

设计教学游戏可以从课前情境导入、课堂巩固记忆和课后开放式游戏三方面入手。教师可以在讲课前根据课堂教学内容情境创设简单易操作的小游戏，如：趣味问答、谜语等，既不占用大量时间，又能快速将话题引入学习内容中。教师可以在课堂上插入知识巩固游戏，在讲解完相关学习内容后进入游戏环节，利用游戏规则让学生集中精神聆听他人重复本课句式、语法词汇或自己反复朗读。学生通过游戏回顾本课重点内容，可以形成牢固的记忆点。在游戏情境中，学生的情绪较为积极，记忆速度、学习效率均有所提升。就课后开放式游戏来说，教师可以将课堂上的游戏延续到课下，请同学们稍微改变游戏规则，不限制游戏人数，让学生在课余时间积极参与英语游戏，在游戏中巩固知识。

2. 利用信息技术，深化知识理解

在英语语法教学活动中，利用信息技术辅助课堂，是深化学生对知识的理解、丰富课堂体验的有效策略之一。利用信息技术深化知识理解，可以从制作微课视频、播放精美课件、图片创设情境、音乐营造氛围等方面入手。

就制作微课视频来说，教师可以在课前准备微课视频，利用视频简洁凝练的语言搭配和谐的动画，深化学生对单一知识点的理解，达到辅助课堂教学、深化学生学习体会的教育目的。就播放精美课件来说，教师可以利用课件的讲解进度推进课堂进程、把握教学环节。就图片创设情境来说，教师可以在讲解的同时在屏幕上播放相关插图，辅助学生理解。就音乐营造氛围来说，教师可以寻找与课堂内容相关的乐曲或背景音乐，带领学生进行音乐歌唱活动。

第二节 高校英语听说与读写教学

一、高校英语听说与读写知识

（一）英语听力知识

根据三种记忆的阶段，听觉心理机制可以归纳为三点。

在第一阶段，声音通过人的感觉器官进行感觉记忆，并根据自身已有的知识，将这些信息转换为有意义的单位。在感知记忆中，信息存储的时间非常短，听者需要把握时间对这些信息加以整理。人们在听母语的时候，这种感知记忆是非常容易实现的，但是如果听的是英语，那么就会出现一系列问题，甚至很多时候人们还没处理完信息，新的信息又进入了，导致自身没听懂。

在第二阶段，信息处理在短时记忆中实现，当然这一过程也是非常短暂的。在短时记忆阶段，听者将听到的信息与自身在长时记忆中的存储信息进行对比，将记忆中的信息展开充足，从而构筑新的命题。听者需要对语流加以切分，当然切分的目的在于获取意义，当获取了意义之后，听者就会忘却具体的词汇、语句。显然，在这一阶段，处理的速度是非常关键的。已有的信息必须在新的信息进入之前就处理完成，当然这很容易使学习者的脑容量超载，甚至很多时候无法从信息中获取意义。但是随着学习者听力水平的提高，他们具备了一定的知识储备，那么对信息的处理能力也会加速，从而能够留出多余的时间处理那些较困难的信息。

在第三阶段，听者会将所获取的意义转向长时记忆中进行存储，并与自身的信息紧密联系起来，从而对命题的意义进行确立。如果新输入的信息与自身的已知信息能够匹配，那么就说明这些新信息容易理解。在这一阶段，当形成的命题与长时记忆中的固有信息紧密联系的时候，大脑往往会通过积极思维展开分析与归纳，从而使这些信息连贯起来，构筑新的意义，最后储存在自身的长时记忆中。

当然，学生在听力技能训练中也会存在一些问题，具体分析如下。

第一，学生词汇量有限、跨文化常识的欠缺。缺乏词汇量和跨文化意识是限制听力理解的要素之一。高校学生受限于词汇量和东西方文化差异，对英语为母语的国家的历史、民族、地理、人文风俗、生活方式和思维方式以及相应的文化背景知识缺乏认知和理解，成为听力过程中的拦路虎。

第二，学生综合性学习技能的欠缺。听、说、读、写四种技巧的综合运用可以对听力水平的发展起到关键作用。听力文本基本是完整的话语，有一定的主题和体裁信息，可以作为学生进行口头和书面表达的很好的例子。简单地把"听录音，对答、读和解释"作为听力课的主要教学模式，容易使学生无形中认为听力水平的提高与其他三项技能无关。在完成听力题目后，学生往往认为已经完成任务，而忽略了语言练习，无法最大效率地利用听力练习，全面促进英语学习。

第三，母语对学生听力水平产生影响。学生容易混淆英语音标和汉语拼音的发音，并且习惯于将语音材料翻译成中文来理解意思并完成题目，这对听力水平的提高非常不利。因此，很难将语音信息转化为要获得的有用信息，导致听力过程中的反应速度降低，影响了听力效果。

第四，大学生良好心理素质的欠缺。由于学生产生了对听力的恐惧和焦虑，他们在听力的过程中处于高度紧张的状态，这大大影响了他们对听力内容的理解，造成听力效果降低。也有一些学生太过于追求高成绩，考试压力比较大，在听前五个问题时由于压力而未能跟上，使他们觉得表现不好，后面的问题基本上就会放弃。从长远来看，这类学生因缺乏良好的心理素质而害怕听力，产生恐惧的情绪，不利于提高学生的听力水平。

第五，教师的高水平语言综合运用能力欠缺。目前，许多学校英语教师的教学实力并不强。大多数英语教师的母语不是英语,也很少有机会与以英语为母语的人交流,所以他们的语言表达并不地道。因此,他们不能完美地发挥课堂交际活动的组织者和向导的作用,也不能为学生提供合适的口语练习语料和创造良好的口头交流情境。目前,一些英语教师发音不权威,口语表达存在问题,这些都直接制约了学生英语听说能力水平的提高。

(二)英语口语知识

口语教学的目的之一是提高学生的口语能力,而对于口语能力这一概念的界定,不同学者对其描述也有所不同。Bachman和Palmer(1996)认为,口语能力是由很多不同的能力构成的,其中包括语言运用能力、话语组织能力、表达的得体性、交际策略运用等,而语言能力和交际语境则被他们视为两个不同的独立成分。语言学家Weir和Bygate认为口语能力包括微语言技能(micro-linguistic skills)、常规技能(routine skills)和应变技能(improvisation skills)三个层次。

(三)英语阅读知识

1. 阅读兴趣
(1)阅读兴趣的定义

兴趣在教育活动中的重要性毋庸置疑,早在19世纪初,著名教育家Herbart就提出教学的导向性目标之一是发展兴趣。他认为兴趣能够在人们对事物进行正确、全面认知时起到重要作用,它能够将习得的知识维持更长时间,同时能够激发人们进行更深远的学习活动。随后,Dewey(1913)在其撰写的《教育中的兴趣和努力》一书中提出以兴趣为基础的学习的结果与仅仅以努力为基础的学习的结果有质的不同。但此后无论在教育心理学领域还是其他领域,兴趣的相关研究均没有得到过多的关注。[①]直至20世纪80年

---

① 章凯. 兴趣与学习:一个正在复兴的研究领域[J]. 宁波大学学报(教育科学版),2000(1):27-30+33.

代，西方研究者逐渐意识到兴趣在学习中的重要作用，对其本质以及对学习的影响展开了探讨和研究，并尝试对其进行合理且科学的定义和理论解释。

20世纪90年代起，我国研究者也开始关注并认可了兴趣在学习中的重要影响力，但对其在教学实践中的实验研究和深入的理论探讨仍较少。总体而言，中西方许多学者尝试对学习兴趣的内涵进行定义，但目前仍缺乏较为统一的学习兴趣概念。[1]

就目前而言，学界普遍认可西方学者Hidi对于兴趣概念的二分法，即个人兴趣、情境兴趣。一般认为个人兴趣是一种不断发展的、相对稳定的心理特点，它和增长的知识、价值和积极的情绪相联系，是由内部激活的；而情境兴趣是对环境输入的一种反应，它的产生和激活依赖于当前环境中的某些条件和刺激，是自发产生并很快退散的。[2]依据上述对兴趣的概念界定可知，个体兴趣相较情境兴趣而言，更为持久和稳定。Hidi[3]认为个人兴趣和情境兴趣能够同时发生和互相转换，情境兴趣在特定条件下能够发展成相对持久的个人兴趣。因此，他认为兴趣是个体的个人兴趣与有趣的环境特征相互作用而产生的心理状态。

我国学者章凯（1996）基于西方学者对兴趣的相关研究和理论解释，对兴趣的概念进行了界定。他认为兴趣是个体在与环境相互作用中渴求并获得信息，以促进心理目标形成、演化和发展的心理过程。[4]

（2）阅读兴趣的分类

Mitchell（1993）对情境兴趣进行了分类。他通过在中学生数学课堂上进行有关数学学习兴趣的实证调查研究和分析后，提出了情境兴趣的二维理论模型：激发性情境兴趣和维持性情境兴趣，其中对激发性情境兴趣的引发因素为"小组学习""计算机""智力谜题"，对维持性情境兴趣的引发因素为

---

[1] 赵兰兰，汪玲. 学习兴趣研究综述[J]. 首都师范大学学报（社会科学版），2006（6）：107-112.

[2] Ainley M, Hidi S, Berndorff D. Interest, learning, and the psychological processes that mediate their relationship[J]. Journal of educational psychology, 2002, 94 (3): 545.

[3] Hidi S. An Interest Researcher's Perspective: The Effects of Extrinsic and Intrinsic Factors on Motivation[J]. Intrinsic and extrinsic motivation. Academic Press, 2000: 309-339.

[4] 章凯，张必隐. 兴趣对文章理解的作用[J]. 心理学报，1996（3）：284-289.

"意义性"和自我卷入。[①]Mitchell指出"小组学习"通过提供给学生相互交流的机会来激发学生的学习兴趣;"计算机"和"智力谜题"通过较为新奇且打破传统的教学工具和教学模式,从而激起学生的兴趣。"意义性"是指学生认为在体验式英语阅读课上所学的知识是"有意义知识",当学生认为所学知识是有价值的时候,就会产生学习动力来维持其学习兴趣。"自我卷入"是指学生主动参与到学习过程的程度,自主地参与有助于兴趣的维持。

Hidi和Renninger将其原先构建的兴趣发展四阶段模型与Mitchell所建的情境兴趣二维理论模型进行融合,形成新的有关兴趣发展的四阶段理论模型,如图4-1所示。该模型包括兴趣发展和转化的四个阶段,即激发性情境兴趣、维持性情境兴趣、最初的个体兴趣和稳定的个体兴趣。其中激发性情境兴趣指的是一种来自情感和认知加工过程的短暂改变的心理状态;维持性情境兴趣由激发性情境兴趣转化而来,其产生因素在于高度并持久地集中注意力参与某一特定知识内容的心理状态;最初的个体兴趣是对某些特定情境中反复出现和参与的学习内容进行相对持久的探索和获取而产生的,它通常伴随着积极情感、价值量和知识量的积累;稳定的个体兴趣是在最初的个体兴趣的基础上进一步对知识和积极情感进行积累,并对上述学习内容进行更长时间的探索和获取。

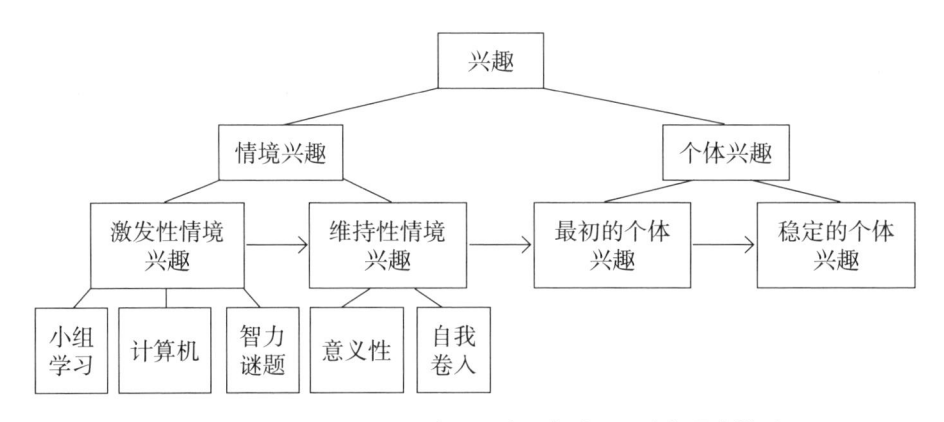

图4-1 Hidi和Renninger(2006)兴趣发展四阶段理论模型

[①] Mitchell M. Situational interest: Its multifaceted structure in the secondary school mathematics classroom[J]. Journal of educational psychology, 1993, 85(3): 424.

通过上述兴趣发展四阶段理论模型中的要素探讨和分析，将激发性情境兴趣看作即时阅读兴趣，维持性情境兴趣看作延时阅读兴趣。

第一，在该理论模型的第二层次中，从激发性情境兴趣逐渐发展为稳定的个人兴趣的过程，实际上是本研究中英语阅读即时兴趣向英语阅读延时兴趣的发展。

第二，研究者认为模型第三层次中的五要素与体验式外语教学"4E理论"中的"参与""愉悦""共鸣"和"环境"四个要素关系密切："小组学习"的形式能够帮助学生更为积极地"参与"体验式教学活动；"计算机"和"智力谜题"能够作为体验式教学过程中的多媒体教学工具和有趣教学方式来吸引学生的注意力，从而使学生在轻松愉悦的教学"环境"中获得更为"愉悦"的情绪体验；进而，"意义性"情境兴趣因素让学生对阅读内容的学习更有动力，学生能够全身心地投入到学习过程中去，从而与学习材料和内容产生"共鸣"，获得语言能力和阅读能力的提高；这种成功的体验感能够使学生再一次主动参与到下一阶段的学习环节中，从而实现学生的"自我卷入"。

因此，将模型原有的第三层次的五个要素总结为以下四个维度，即教学生动性维度、情感体验维度、意义认识维度和自主参与维度，并通过上述四个维度探讨和分析体验式阅读教学对学习者阅读兴趣的影响。调整后的模型如图4-2所示。

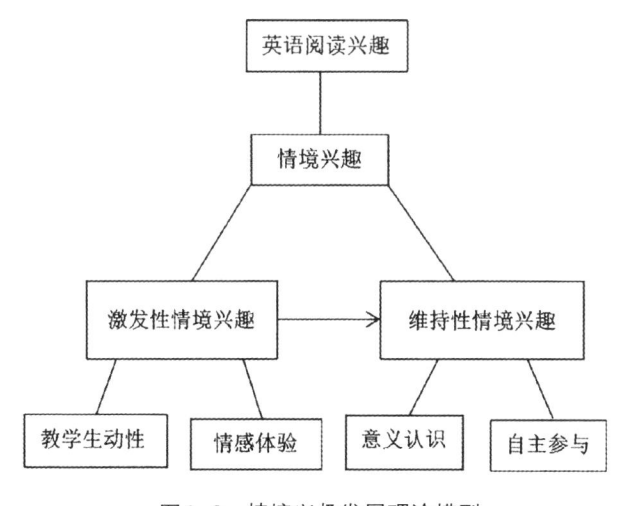

图4-2 情境兴趣发展理论模型

2. 阅读模式

阅读要遵循一些基本的模式，具体包含如下几种模式。

（1）自下而上模式。自下而上模式起源于19世纪中期，是一种较为传统的阅读模式。所谓自下而上，即从低级的单位向高级的单位加工的过程，低级的单位即基本的字母单位，高级的单位如词、句、语义等，从对文字符号的书写转向对意义的理解的过程。也就是说，自下而上的阅读模式是从对字母的理解转向对文本意义的理解。显然，这一过程是有层次、有组织的。因此，读者要想对语篇有所理解，就必须从基本的字母入手，理解某个词的意思，进而理解句子、语篇的意义。

（2）自上而下模式。自上而下的模式与自下而上的模式正好是相反的，产生于20世纪60年代，是读者基于自己的知识结构，通过预测、检验等手段对阅读材料进行加工理解的过程。自上而下的阅读模式是以读者为中心，侧重于读者自身的背景知识、自身的兴趣对阅读产生的影响。阅读可以被视作一种猜字游戏，读者运用自身固有的知识结构，减少对字母等的约束和依赖。在阅读中，读者需要对语篇结构进行预测，并从自身的知识出发理解语篇。

（3）交互作用模式。交互作用模式起源于20世纪80年代，这一模式运用各个层面的信息来建构文本。交互作用模式是一种双向的模式，它将上述两种模式融合为一体，涉及两个层面的内容。

第一，读者与语篇之间的相互作用。

第二，较高层次技能与较低层次技能之间的相互作用。

就文本理解而言，自上而下的模式相对来说比较重要；对词汇、语法结构而言，自下而上的模式相对来说比较重要。如果将两种模式的精华提取出来并加以综合，就成了交互作用模式，其便于对语篇的整体理解。可见，这一模式是最为实用的模式。

（四）英语写作知识

英语写作的学习和训练是一个系统工程，需要多方面的配合才能保质保量地完成。学生的英语基础参差不齐，按照这种实际情况，在课时的分配上应有所放宽。由于课时少，要讲授的内容多，为了完成教学任务，教师往往顾不上学生英语底子差、知识匮乏的现状，只好加快节奏，必要的训练也得不到保证，更没时间及时了解学生对知识的掌握程度，或进行个别指导，这样势必会影响该门课的教学质量。因而各院系在排课时应该要考虑课时分配的合理性，以保证教师能保质保量地完成教学任务，使学生学习的系统性更强，知识掌握得更牢，这是提高教学质量的有效保证。

二、教育信息化时代高校英语听说读写教学的策略

（一）教育信息化时代高校英语听力教学的策略

1.利用听说教学，实现听说训练的整体性

在英语听说教学过程中，教师要把握听、说的特点、规律，以点带面。听力是听说学习中的一个重要环节，对于英语听说学习的指导意义也非常大。学生在进行听力训练时如果只注重听力训练的结果，而忽略了语言的学习过程和规律等其他方面，就会导致学生对语言的认知与理解出现偏差。对于学生而言，听的能力是在一定背景下建立起来的，而不是说出来就能得到提高。

教师在进行听说教学时应该把学生当作一个整体来看待，在听力教学中，可以将一些语言点与学生的生活经验联系起来，从而提高学生的听、说能力；可以通过不同文体的语言来提高学生对不同文体语言特点和表达方式的了解；同时也可以采用游戏等方式提高学习兴趣以及效果；还可以通过一些生活中常用单词、句子以及各种句子之间的联系来帮助学生更好地掌握一些英语词汇、语法知识等。要想实现良好的英语听说教学效果，就必须对听说能力进行整体性训练。

2.建立有效评价体系，让听与说相互促进

在英语听说教学中，教师要重视学生听与说的相互促进作用，并且要对学生进行评价。由于学生的听说水平参差不齐，在具体测评时也不能统一进

行。例如，教师在上完一节课后需要对学生的表达能力和学习态度等方面进行评价时，可以将这些内容分为三个部分：第一部分是语言知识类问题（重点检查学生对词义、句型、时态和句型的掌握情况）；第二部分是语言技能类问题（检查学生单词拼写、语法和句型等方面情况）；第三部分是思维品质类问题（主要检查学生对于文章内容的理解、分析和判断方面）。

在听说训练结束后，教师需要组织一次课堂检测，通过一些有针对性的练习，对各个部分的测试进行综合评价。此外，教师还需要为学生提供机会，让他们在课下与其他班同学互动交流。同时还可以对学生提出一些英语学习方面的问题或建议，从而提高他们听与说的能力。

3. 重视提升英语教师高水平语言综合运用能力

大多数英语教师的母语是汉语，而且很少有机会与以英语为母语的人交流，所以他们的语言表达并不地道。因此，他们不能完美地发挥课堂交际活动的组织者和指导作用，也不能为学生创造良好的口头交流情境。目前，一些英语教师存在发音带有地方口音、语音语调不纯正等问题；课堂语言僵化、不自然，不符合英语交际的习惯。为了提高语言沟通能力，教师应积极参加各类培训，同时注意平时的听说练习，模仿标准音频的发音，改正自己存在的缺点。通过必要的口语培训，教师能够改善口语水平，使用更灵活的英语课堂语言，提高课堂上的口语氛围。此外，我们在加强英语口语能力后，还需要提高自己的语言丰富性和美感，营造活跃的课堂氛围。语言的美要求教师在教学中掌握发音和语调并努力使语言更有节奏。而且，我们也要加强对教师的个人修养的培养。对于学生在听力中遇到的困难和问题，教师要能够认真分析，不要把结果当作一切，迫切要成绩，盲目批评。相反，教师要善于提出建设性的解释或解决办法，及时鼓励学生，激发学生的听力热情，克服他们害怕困难的心理，减少心理障碍。

4. 创设情境，让学生对所学内容有兴趣

对语言知识的学习与应用过程，是一种在学生头脑中形成知识表象的学习过程。所以，学生的学习兴趣、好奇心和求知欲也是教师创设情境进行教学设计的重要因素。在英语听说课的课堂上引入情境元素，通过播放一段歌曲、讲述一个小故事或者是展示一段文字等方式，让学生在课堂上与同伴进行交流。这样不仅可以让学生能够在一定程度上了解英语国家的文化，还能进一步激发学生英语学习的信心和好奇心。另外，教师在使用创设情境元素时，还要注意把握创设情境元素与教材内容之间的关系。

（二）教育信息化时代高校英语口语教学的策略

1. 课堂教学

模仿、背诵和积累是语言习得的有效途径，因此口语教学就要从这三方面加强语言的基础性训练。

（1）模仿

社会认知理论认为，观察、模仿、自我控制和自我调节是学习者将教师传授的语言知识和技能内化为自身能力必然要经历的四个阶段。其中，观察和模仿是基础阶段，也是重要环节。在英语口语教学中，模仿包括两个方面的内容：语音和语调。学习者既要对每个元音和辅音准确发音，又要语调正确。模仿时要态度端正，大大方方，口型到位，语调准确，清清楚楚，不能畏手畏脚，扭扭捏捏。模仿的初期不必急于快速表达，在保证语音正确的前提下，速度可以慢一些，直到语速正常为止。学习者要以模仿单词的语音为第一步，其次模仿词组的读法，进而是句子的语调，最后才是段落以及篇章的模仿，只有循序渐进才能取得理想的效果。

学习者在进行模仿时要注意以下三点。[1]

①大声模仿。大声模仿能够充分调动口腔内的肌肉，形成英语发音的运动模式。

②有意识地模仿。学习者在模仿时要有目的性，用心揣摩、体会，随时纠正自身不正确的发音。

③长期模仿。纯正优美的语音、语调的形成不是一蹴而就的，要经过长期的模仿才能达到。

（2）背诵

背诵是提高英语口语表达能力的有效方法。学习者通过背诵在巩固英语

---

[1] 周凤燕.英语学习策略[M].北京：知识产权出版社，2009.

基础知识的同时，还可以增强自身的语感。但是，背诵的内容应该根据自身的能力而定。如果自身的能力偏低，那么就背诵一些重点的单词或词组；如果自己的能力中等，那么可以背诵一些重点的句子或者段落；如果自己的能力比较高，那么就选择一些重点的对话或者课文来背诵。

背诵不是死记硬背，而是在理解的基础上有效记忆。除恰当评估自身能力外，掌握科学的背诵方法也十分关键。

①树立正确的背诵观念。简单机械地背诵只会耗时耗力，容易产生厌烦的情绪，打消学习积极性。在理解的基础上通过联想等多种趣味方法背诵能有效提高学习效率。

②扫除语音障碍。在背诵之前，学习者应将背诵材料中的生词或不确定的发音通过教师朗读或听录音的方式确定下来，同时还要注意语调和节奏感。

③以关键词为线索。学习者在背诵时不应以整个语篇为背诵单位，而应将语篇拆分为段落，段落拆分为句子，句子拆分为短语。在背诵时以关键词为单位保证句子的通顺和句义的完整。

总之，背诵是语言输入的有效途径。长时间坚持背诵，可以增强语感，大大提高口语表达能力。

（3）积累

在英语口语学习中，学习者应该多观察和积累英语国家常用的表达方式和表达习惯。这些素材有时在口语教材中是找不到的。此外，学习者还应该多阅读一些名人的文章、报纸、期刊等，对一些优美的句子、短文进行记录，不断模仿和运用，甚至背诵下来。

2.课后监督

由于英语口语交际的延展性，课后监督显得尤为重要。下面就介绍两种常见的课后监督策略。[1]

（1）录音跟踪

录音跟踪是对学习者的课后练习进行强化和监督的一种形式。具体应用

---

[1] 罗毅，蔡慧萍.英语课堂教学策略与研究方法[M].武汉：华中科技大学出版社，2011.

是学习者在课后以两人或三人一组的形式进行朗读或对话练习，并对练习过程进行录音，在下一堂课之前交给助教进行评估。为保证录音跟踪的有效性，学习者要将录音的时间保持在半小时以上，不仅包括各组员的朗读，还要包括各组员间的英语对话交流。助教以反馈表的形式展示录音结果，在准确性、流利性、词汇量、主动性等方面作出评价。

（2）口语测试

口语测试的形式通常是学习者两人组成小组进行对话，教师依据其各自在语法、表达、发音等方面的表现作出评价。口语测试的内容多种多样，可以是辩论、角色扮演、看图讲故事等形式，在检验学习者口语学习情况的同时，激发其口语表达的动力。

（三）教育信息化时代高校英语阅读教学的策略

1. 翻转课堂阅读教学模式

翻转课堂在英文中是Flipped Classroom或Inverted Classroom，翻译成中文是"翻转课堂"或"颠倒课堂"，这种新型的教学模式是随着互联网及信息技术的发展而产生的。翻转课堂不同于传统课堂，通过学生课前在家观看微视频和相关资源，完成课前自主学习任务，从而学习单元课时的知识点，课堂是师生之间合作交流、答疑解惑的平台，提高学生知识内化效果，提升知识灵活运用的能力，极大地推动了教学效果。

（1）利用数字化教学资源，实现信息化教学与常规教学的融合互鉴

为深入实施教育数字化战略行动，国家以及社会层面都推出了很多精品化的共享课程。教师可以将这些数字化教学资源利用起来，发掘其优势价值，给常规教学增势添利。这既是迎合教育信息化的要求，也是给常规教学锦上添花的手段。

（2）结合多种学习方式，循序渐进提升学生的阅读理解能力

在课前自主学习过程中，学生通过观看教学视频以及完成活动单达成整体理解阅读文章的目标，为课中阶段通过合作学习来完成任务，深入理解文章打下良好基础。课后的交互学习则是通过读写结合的方式再次进行阅读理解能力强化训练。这种分阶段的不同学习方式一方面能比较好地

激发学生的学习动机，另一方面也能通过不同阶段的任务活动从不同角度锻炼学生的主旨概括能力、词义猜测能力、推理判断能力以及细节提取能力，实现细化训练和综合训练的结合，达到循序渐进提升学生阅读理解能力的目的。

（3）听取反馈意见，优化任务设置和提升学生的阅读动机

任务型教学当中，任务的设计是关键。教师除了要深入分析教材和学情，进行合理的教学设计，遵循基本的任务型教学原则之外，还要注意任务型教学是强调以学习者为中心的，所以听取学生的意见很重要。

2. 主题式阅读教学模式

主题式教学模式有其自身的优势，但同时也存在一些不足，需要在不断的实践过程中进行完善和发展。

（1）教师方面

从教师的角度来说，在主题式教学的过程中，有些课堂活动环节时间和进度不易把握，这就对教师的教学能力提出了更高的要求。教师需要对课堂有较强的掌控力，每个活动的时间不宜过长，在确保学生能够玩得尽兴的同时也要保证英语课堂能够按计划进行，对于学生十分喜欢的一些活动而课堂时长又不够的情况，可以鼓励学生课下去完成。有时由于教师的语速较快而学生对英语的掌握不够，学生并不能及时跟上教师的进度，教师可以在课前结合主题内容进行有针对性的英文知识储备，在学生无法理解较为复杂的英语时替换成简单的英语，便于学生掌握，还可以在课堂上多使用肢体、面部表情等语言表达，让学生更直观地了解教师表达的含义，或者由了解该词的学生向其他同学解释词义，既克服了师生间交际的障碍，又锻炼了学生的英语理解能力。同时，教师也要努力提升自身的文化知识能力，这样才能有条不紊地开展主题式文化教学工作，以应对学生提出的各种各样的问题，教师如果含糊不清地解答，会使学生更加困扰，从而打击他们的英语学习积极性。

（2）教学方面

从教学的角度来说，主题式教学的课程内容与课堂管理也不容忽视。一方面是主题式文化教学要控制好语言点的数量，注意语言和文化知识的操练与应用程度。教师在进行主题式文化教学设计时，不宜设计太多的新知识

点，在高校英语课堂中，每节课能够教授的内容十分有限，因此教师在英语课堂中要注重教学目标的完成度，根据知识点的重要性进行不同程度的讲解和练习，对于主题式教学中的重要部分精讲多练，而对于相对次要甚至是扩展部分的内容让学生了解即可，平衡语言训练与教学活动的关系，减轻学生的英语学习负担。同时，教师在文化教学的过程中也要注重加强学生听写能力的训练，充分考虑并适当设计一些能够提高学生听力和书写方面能力的主题活动，培养学生成为听说读写全方面发展的人才。

教师在进行主题课堂活动时，对于活动的时间也应该控制得当，确保能够在课时内完成，避免因在某一环节上停留太久导致课堂时间内完成不了整体的教学计划。这就要求教师能够全面地掌控课堂，建立明确的课堂规范和严格的奖惩制度，确保教学活动的顺利进行。因此，在主题式课堂管理过程中，教师在给学生充分空间进行发挥的同时，也要控制好课堂秩序。另外，重视文化体验与教学内容的关联，注重针对性、实际性与趣味性的结合，也是英语教学中不可缺少的一部分。教师在教学过程中可以通过对比不同文化之间的差异让学生切身感受到跨文化学习，多思考、多讨论，在不同文化的相互碰撞中加深对主题课程内容的学习。

（四）教育信息化时代高校英语写作教学的策略

1.多模态教学模式

多模态教学（Multi-Modeling）是1994年由新伦敦小组（由美国、英国和澳大利亚的教育学家组成）提出的教学理论。他们认为语言学习不仅仅是文字符号在个体大脑内刺激与反应的联结过程，而是多种符号共同作用的结果。[1]多模态教学模式是一种利用多种媒介，调动各种感官，实现学习者能力培养的教学模式。多模态教学模式是在考虑教学目标的前提下，合理利用各种感官、各种模式为师生营造一种和谐、愉快、民主的课堂学习氛围，在

---

[1] Kress, G, Van Leeuwen, T. Reading Images: The Grammar of Visual Design[M]. New York: Routledge, 1996.

调动各种感官的基础上发展学习者听、说、读、写、译等各项语言技能。在实际教学过程中，教师在制定教学任务时还要考虑教学设计的四项原则，保证教学效果的最优化。

（1）注意结合多种教学方法

由于模态选择的多样性和灵活性，多模态教学相比以往的教学法具有较大的自由度和可变通性。由于一种固定的教学方法或模态无法达到所有的教学目的，所以之前诸如结果教学法、过程教学法、体裁教学法等众多教学法都逃不过到达巅峰又逐渐衰退的命运。而且固定的教学方法容易给学生带来审美疲劳，固定的套路、固定的策略很难带给学生新鲜感和趣味性。多模态教学模式能够根据教学目标、内容、对象等选择合适的教学方法（情境教学法、暗示法、故事法、任务驱动法、训练输出法）和模态组合灵活完成教学任务，避免呆板的课堂形式让学生丧失学习的兴趣。例如课堂引入环节，完成介绍节日的写作任务时，教师可以播放节日视频结合图片进行情境教学；完成介绍家人的写作任务时，教师可以先通过故事法激发学生的学习兴趣，之后用PPT展示写作主题。每一节课使用不同的引入方式，有利于激发学生的学习兴趣。模态使用并不是越多越好，在PPT中添加太多的图片、播放太多视频容易分散学生注意力，使学生对知识的理解只停留在表象，缺乏实际的运用。结合多种教学方法可以训练学生的实际运用能力，在实际运用的过程中不仅有助于牢牢记忆写作相关的单词和句子，也能够训练学生的逻辑思维能力，培养学生掌握正确的写作思路。

（2）合理规划课堂内容，注意把握课堂节奏

教师是进行多模态教学的指导者，要鼓励学生调动各个感官，积极参与到课堂活动中来。单调的教学活动很难吸引学生的注意力，也就无法调动多重感官。所以教学过程中要设置丰富的教学活动，引入丰富的模态组合，同时还要将二者相结合，避免学生对知识的理解仅仅停留在模态表面。课前教师需要明确课堂设置的各个环节，如游戏设置的内容、流程、时间，小组讨论的内容、方式、结果，课堂引入环节需要的素材、方法和效果等都要考虑周全，避免出现脱节或混乱的局面。同时还要设计好备选方案和突发事件应急方案，确保课堂教学有条不紊地进行。

（3）线上线下相结合

随着信息技术的发展，多媒体技术的运用，课堂教学也应与时俱进，呈现出信息化、现代化、多媒体化和创新化的格局。多模态教学应该充分利用信息技术，促进线上教学与线下教学的充分融合，丰富学生学习形式的同时拓展学生的眼界，优化英语教学环境。教师可以利用课上时间通过PPT、板书等形式讲解写作中的重难点知识，配合自身表情动作吸引学生的注意力，还可以利用网络丰富学生的教学活动，如下载网络课件、网络搜索相关问题、网络在线批改和解答问题等，调动学生的积极性。课下学生可以通过合作交流或网络查询的形式巩固课上内容，修改作文错误，并通过网络批改进行自我反馈，网络和同学互传写作作品进行同伴互评，修改完成后上传网络交给老师进行教师点评。教师发布优秀作品供学生品读，学生总结错误问题并进行修正，通过线上线下相结合，学生的写作学习可以形成一个完美的闭环。

（4）设计情景化教学任务

教师在设计教学活动时，要注意背景知识的输入和生活实际的联系，使学生内化所学知识，在熟悉的语境中促进学生学习能力的提高，培养学生的实际运用能力。脱离语言文本和实际环境的讲述会使教学任务晦涩难懂，学生难以理解导致兴趣匮乏和成绩不理想，所以教学要与实际相结合，如教师讲授中国传统文化时，可以展示相关图片，引导学生猜测具体节日并讲述节日意义；教师还可以以当前社会热点问题为背景组织学生进行辩论赛或脱口秀表演，以学生喜闻乐见的方式培养学生的逻辑思维能力和写作语言表达能力。

2.混合式教学模式

基于"混合式学习模型"，在行动研究中不断进行反思完善，并依据教师日志、学生日志、访谈等质性数据对课前、课中、课后的教学步骤进行梳理细化，探究混合式学习在教学的各个阶段的具体流程。

（1）课前准备

在"混合式学习模型"的基础上，根据行动实践使课前准备更加贴合大学英语写作教学实际，具体可细化分为三个步骤（图4-3）：

首先，教师需明确本次混合式教学的学习目标，依据学习目标设计线上教学，并制作学习视频上传至学习平台，之后向学生发布写作任务，鼓励学生利用丰富的互联网资源进行搜集和获取所需信息。

其次，学生登录学习平台进行线上自主学习，学生需要依据学习资料完成教师布置的写作任务，之后进行自我评价和反思，同时发现学习过程中的疑难进行记录并反馈。

最后，教师检查学生反馈和课前完成的写作任务，发现学生可能存在的共性问题，进行有针对性的教学设计，做好线下课程的准备。

这一阶段属于浅层学习，学生通过线上自主学习，使知识结构得到初步的建构，同时，学生利用丰富的互联网资源可以实现知识的积累，激发学习兴趣，为线下课的学习作好准备。

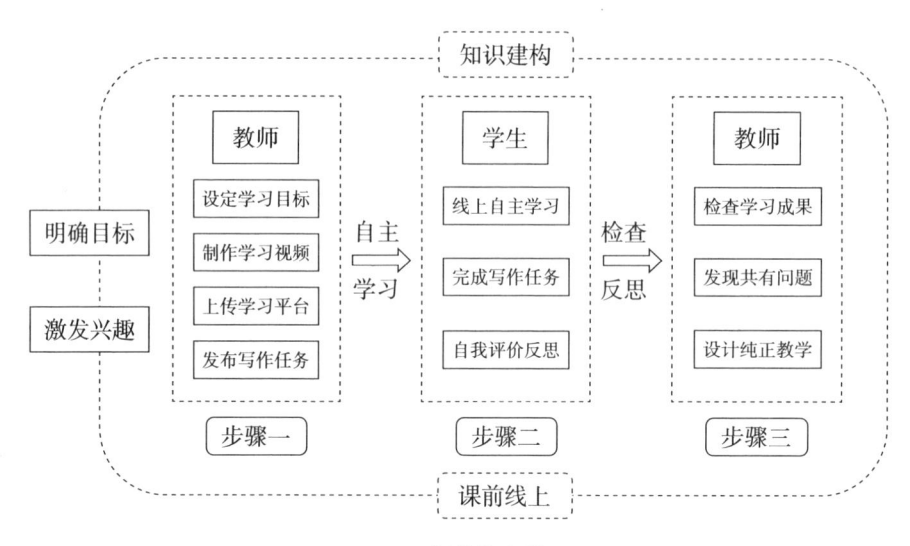

图4-3 课前线上学习

（2）课中环节

课中线下环节是混合式学习的核心环节，该环节通过师与生的合作实现学生的能力培养和个性化的学习体验。

在线下的教学环节中（图4-4），首先，教师依据课前学生的线上学习反馈对学生的疑难进行解答，搭建新旧知识沟通的桥梁，唤醒学生已有的图式，使学生更加容易接受新的知识。其次，教师通过设置学习情境，使学生在情境中通过合作学习、探究学习完成一个个教师布置的活动，通过整合创新实现学习能力的培养，使学生得到个性化的学习体验。最后，教师引导学生对课前学习目标进行深入探讨和总结，形成写作成果，完成知识建构，并鼓励学生进行互评互鉴，学生在师生、生生交流中进行知识的升华。课中环节之所以如此重要，是因为它能沟通线上和线下，对于学生知识的学习起着承上启下的作用，同时也是学生能力提升的关键阶段。学生通过和教师面对面的交流一方面能够及时解答疑难，促进知识迁移，另一方面通过项目式学习、合作学习等多种形式的学习活动，培养学生解决实际问题的能力。

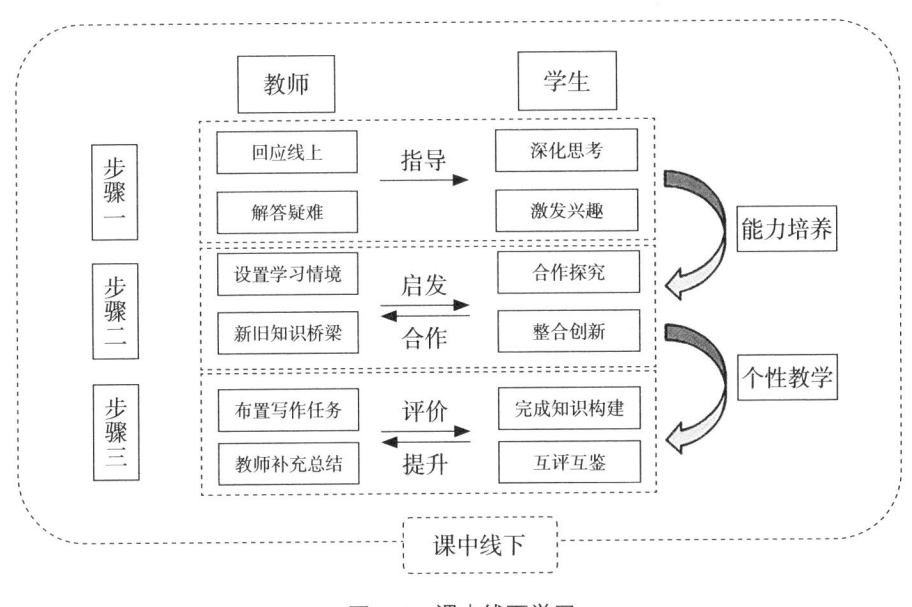

图4-4 课中线下学习

（3）课后提升

课后环节（图4-5）是师生、生生进一步交流学习成果，对学习成果进行反思、巩固和提升的环节。在这一环节中，学习者可以使用各种反馈如自评表、总结表等对自己的学习成果进行反思，发现不足后，对学习成果进行完善，以期通过对所学知识的迁移创新提高自己解决实际问题的能力。

这一环节是对课中环节的有效补充，通过课后的反思和总结，学生能够对课堂上的写作成果进行查漏补缺，完善对知识的建构，进一步提高自己的知识应用能力。

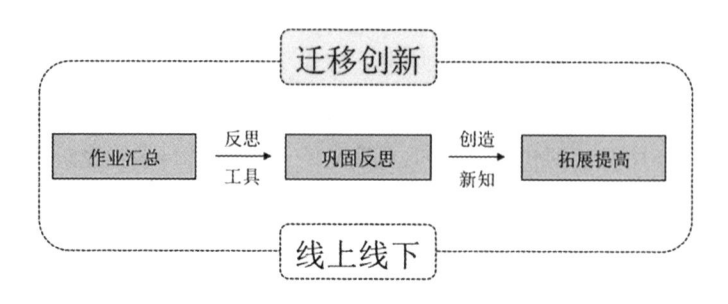

图4-5 课后线上线下学习

综上，结合行动研究实践和质性数据，对混合式学习课前—课中—课后的三段式学习模式中每一环节作了具体阐述，明确了流程和步骤，为教师在大学英语写作中应用混合式学习模式提供了有效抓手。

第三节　高校英语翻译与文化教学

一、高校英语翻译与文化知识

（一）英语翻译知识

任何一种翻译活动，不论从内容方面（政治、社会、科技、艺术等）还是从形式方面（口译、笔译、同声传译）都具有鲜明的符号转换和文化传播的属性。作为文化和语言的转换活动，翻译的目的是沟通思想、交换信息，进而实现人类文明成果的共享。没有翻译作为媒介，文化、传统、科技的推广就无从谈起，所以翻译是人类社会共同进步的加速器。

从文化的角度来说，文化具有动态的特点，由于经济的发展、科技的进步，文化也随之发生改变。例如，互联网和电子媒体技术的发展，带来了网络文化的繁荣，才有了今天各式各样的网络语言和网络文化的产生。对于翻译活动的参与者而言，随时掌握文化的动态，既要了解世界文化，又要及时跟进掌握母语文化是从事这一行业的基本要求。所以，所有翻译从业人员应该对政治、科技、经济、社会和时事等保持足够的兴趣，随时了解最新信息，才能在翻译实践中做到游刃有余。

翻译的标准有很多，但基本的共识是要达到"信、达、雅"这三个标准。"信"即对原文的忠实，翻译是不可以随意发挥和篡改原作者的语义和情感的。"达"是指翻译的内容要使读者或听者充分准确地理解，令人迷惑不解的译文是不合格的。"雅"是指语言的优美，能让人产生美感。当然"雅"应该是建立在"信"和"达"的基础之上的，没有对原文含义的"信"和"达"，"雅"就没有任何意义了。

翻译中的口译具有即时性的特点，译者往往没有充足的时间作准备，要根据现场情况及时、准确地理解和传达，因此译者需具有更加强大的心理素质和更加广博的知识存储。另外，也有一些对译员的心理和生理条件的要求，比如比较胆怯的性格特点，或者有先天性语病的（口吃、发音障碍等）就不适合担当口译工作。

笔译的从业者则要从不同的方面来考虑。

首先，笔译要求翻译内容更加准确和优美，为此，译者应该作好充分的准备，包括对原文作者的了解，对材料背景和相关专业知识的学习和准备。只有做足了功课，才能确保对原文语义的精确理解。表达是笔译的第二步，当然表达的准确程度依赖于对原文的理解程度。最后还要对翻译的内容进行校对，确保没有笔误，不遗失信息。

翻译的方法可以简单分成意译和直译。意译指的是译者只忠实于原文的语义，而不拘泥于原文的表现形式。因为中外文化的巨大差异，很多词语和表达法在另一种语言中完全不存在，或部分存在，这样就要求译者对原文语义有全局性的把握，从而在不改变基本语义的情况下，对表达方式做出适当的调整。而直译法则既能保持原文的语义又能保持原文的形式，包括原文的修辞手法和基本结构,从而既表达了语义,又保留原汁原味的异国情调。在具体翻译实践中,不能僵硬地保持意译或直译的风格,采用哪种方式一定是视情况而定的,取决于原文的特点。在绝大多数情况下,需要两种翻译方式的结合,才能创作出理想的译文。

最后说一下翻译者基本素质的修炼。首先,译者要有较高的英语水平,这样才能从理解和表达的角度做到准确无误。其次,译者还要有扎实的汉语基础,这和要有雄厚的英语基础是同样的道理。除此以外,译者还应该具有广博的知识储备、丰富的翻译经验和认真的工作态度。只有具备了上述条件,才能成为一名优秀的翻译工作者。

(二)英语文化知识

"文化"(culture)这一词语有多种意义。例如,人们认为那些能读会写的人,那些懂得艺术、音乐和文学的人是"文化人"。不同人对文化的理解有不同方式,每一种方式都或多或少有助于我们理解某个过程、事件或关系。遇到陌生人时,第一个被问的问题通常是,"你来自哪里?"这主要是想了解这个人长大的地方或者是想知道这个人之前住在什么地方。我们下意识地认为在同一地方长大或生活的人说同样的语言,有很多相同的价值观,用相似的方式交流,换句话说,他们被认为具有相同的文化。有时我们甚至会认为文化是商品或产品,如玩具、食品、电影、视频和音乐,并且可以在国际上自由进出口。这些对"文化"印象式的理解不一而足。

实际上,在我国的古代文献中"文化"两个字是分开出现的,"文"的本来意思为各种颜色交错,"物相杂,故曰文","天文"指自然规律,"人文"指人伦社会规范;"化"的本意是改变、变化之意。《说文解字》将"化"释为"教行也",即改变人类原始蒙昧状态以及进行各种教化活动。从汉代开始,"文"与"化"连缀出现,"文化"与"武力"相对应,是动词,具有"文治教化"之意。近现代所讲述的文化,则为19世纪末自日文转译过来的。英文单词culture,源于拉丁文动词cultura,含有耕种、居住、加工、留心、照料等多种意思。随着时间的推移,"culture"含义逐步深化,由对树木、作物等的培育引申为对人类心灵及情操的培养,从人类的生产活动,逐渐引向人类的精神领域。19世纪中叶以来,"文化"一词开始具有现代意义,并且随着人类学、社会学等人文学科的兴起,成了这些学科的重要术语。

1. 文化的定义

自从进入近代研究视野,"文化"这一概念在中外学术界不同学科领域曾出现上百种甚至更多的定义。美国描写语言学家爱德华·萨丕尔(Edward Sapir,1921)定义文化为一个社会的行为和思想。理查德·本尼迪克特(Richard Benedict,1930)认为真正把人们凝聚在一起的是他们的文化、共同的思想和标准。美国人类文化学家爱德华·霍尔(Edward T. Hall,1959)提出:"文化是人类的媒介。人类生活的方方面面都受到文化的影响和改变。这意味着人的个性,表达方式(包括情感的表现),思考方式,行为方式,解决问题模式,所居住城市的规划和布局,交通系统的运行和调度,以及经济和行政系统如何组建和运行都受到文化的制约。"人类学家克拉克洪(Clyde Kluckhohn,1965)认为就文化而言,人类学意味着一个民族的整体生活方式,即个人从他的群体中获得的社会遗产,或者文化可以被看作是人类创造的环境的一部分。英国语言学家布朗(H. D. Brown,1978)则这样来看待文化:文化是生活在特定地理区域的人们或多或少共同拥有的信念、习惯、生活方式和行为的集合。

此外,柯恩(R. Kohls,1979)认为文化是指特定人群的总体生活方式。它包括一群人想的、说的、做的和制造的一切。文化学家罗伯逊(I. Robertson,1981)的观点是每个社会的文化都是独特的,包含了其他社会所没有的规范和价值观的组合。荷兰学者吉尔特·霍夫斯塔德(G. Hofstede)在2001年提到"我认为文化是将一个群体或一类人与另一个群体或一类人区分开来的思想上的集体程序。'思想'代表了头、心和手——也就是说,它代表了思考、感觉和行动,以及对信念、态度和技能的影响。"我国人类学家费孝通先生写道,"文化的深处时常并不是在典章制度之中,而是在人们洒扫应对的日常起居之间。一举手,一投足,看似那样自然,不假做作,可是事实上却完全没有任意之处,可以说都受着一套从潜移默化中得来的价值体系所控制。在什么场合之下,应当怎样举止,文化替我们早就安排好,不必我们临事考虑,犹豫未决的。愈是基本的价值,我们就愈是不假思索。行为是最不经意的,也就是最深入的文化表现。"

文化定义的多元化说明文化确实是一个庞大且不易把握的概念，虽然各有侧重，这些解读和界定都解释了文化的一个或几个层面。

2. 文化的分类

由于文化的多样性和复杂性，很难给文化下一个明确清晰的定义，对文化的分类也是众说纷纭、不尽相同。我们从一个侧面来看文化的分类，文化也可以理解为满足人类需求的一种特殊方式。所有人都有一定的基本需求，比如每个人都需要吃饭和交朋友等。心理学家亚伯拉罕·马斯洛（Abraham Maslow, 1908—1970）认为，人都有五种基本需求。

第一，生理需求，这是我们赖以生存的基本需求，包括食物、水、空气、休息、衣服、住所以及一切维持生命所必需的东西，这些需求是第一位的。

第二，安全需求，首先，我们得活下去，然后我们得保证安全。安全需求有两种，身体安全的需求和心理安全的需求。

第三，归属感需求，一旦我们活着并且安全了，我们就会尝试去满足我们的社交需求。与他人在一起并被他人接受的需求，以及属于一个或多个群体的需求，例如，对陪伴的需要以及对爱和情感的需要是普遍的。

第四，尊重需求，这是对认可、尊重和声誉的需求，包括自尊，以及对他人的尊重。努力实现、完成以及掌握人和事务，往往是为了获得他人对自己的尊重和关注。

第五，自我实现的需求，人的最高需要是实现自我，充分发挥自己的潜力，成为自己可能成为的人。很少有人能完全满足这种需求，部分原因是我们太忙于满足较低层次的需求。

根据马斯洛的理论，人们按上述的顺序满足这些需求。如果把这些需求从低到高比作金字塔的话，人们在攀登金字塔时总是先翻过第一层才能爬上第二层，通过第二层才能到达第三层，以此类推。尽管人类的基本需求是相同的，但世界各地的人们满足这些需求的方式各不相同。每种文化都为其人群提供了许多满足人类特定需求的选择。

文化的分类在一定程度上也契合人类需求的这五个层次。美国翻译理论家尤金·奈达（Eugene Nida）将文化分为生态文化、物质文化、社会文化、宗教文化和语言文化；英国学者彼得·纽马克（Peter Newmark）则把文化分为生态类、物质文化、社会文化、组织类、手势与习惯等几类。我国学者陈宏薇将文化分为三类，分别是物质文化、机构文化与精神文化。中外研究者根据不同的标准提出了自己对于文化的分类，既有共时、历时的分类，也有学科视角的分类，这几种分类方式均有可借鉴之处。

另一个形象的类比将文化比为冰山，认为每种不同的文化就像一个独立的巨大冰山，可以分为两部分：水平面以上的文化和水平面以下的文化。水平面以上的文化仅占整体文化的小部分，约十分之一，但它更可见，有形且易于随时间变化，因此更容易被人们注意到。水平面以下的文化是无形的，并且难以随时间变化。它占了整个文化的大部分，约十分之九，但要吸引人们的注意力并不容易。水平面以上的文化部分主要是实物及人们的显现行为，如食物、衣着、节日、面部表情等诸如此类人们的说话习惯和生活方式，也包含文学作品、音乐、舞蹈等艺术的外在表现形式。水平面以下的文化包含信念、价值观、思维模式、规范与态度等，是构成人的行为的主体。尽管看不到水平面以下的部分，但它完全支撑了水平线以上的部分，并影响了整个人类的各个方面。

二、教育信息化时代高校英语翻译与文化教学的策略

（一）教育信息化时代高校英语翻译教学的策略

语言的语义和语境会因为地区的历史文化不同、地域文化差别而发生变化，如果对相关的文化背景不了解，在理解单词或者语段含义上就容易出现错误。

历史文化是民族或者国家经历长期的历史发展而形成的，民族和国家的发展经历不同，文明境遇存在差异，这也会导致语言背后积累的文化存在差异。例如，在歌曲《*Viva La Vida*》中，"One minute I held the key"一句中的key一般是指"钥匙"，而词组hold the key有"掌握关键"的含义，结合歌曲的创作目的是描述和展现法国国王路易十六的一生，这句歌词通常被翻译为

"我曾经手握大权",但考虑到历史上的路易十六本身是一名喜欢将制作锁具当作爱好的国君,此处的key显然就是指"钥匙"这一本义,是对路易十六爱好的描述,而非对"政权"或者"权柄"的暗喻。这种翻译的失误就是因为历史文化的差异,让翻译者对词句的理解出错,最终造成了翻译错误。不同的国家与民族都有自己的特殊历史环境,这些特殊历史环境又催生了独具特色的文化现象和历史典故,如果不能正确理解这些典故,那么翻译就无法诠释语言背后的历史含义,甚至可能造成对词义本身的错误理解。

另一种地域文化是基于地域环境和自然条件所形成的文化见解,因为生活环境和经历的自然生态差异,即使在相同事物上,各国家或者各民族的群众也会有不同的见解,这种见解上的差异便是由地域文化造成的文化差异。例如,我国一般将"东风"理解为"春日之风",在中文语境下"东风"一般象征着万物的复苏和生机的焕发,如"江南二月春,东风转绿苹""东风驱冻去,万品破阳辉",这些诗句中的东风象征着新生。而在英国等外语国家,由于地域和气候环境的不同,在这些国家的语境中"东风"一般指代冰冷的风,在作品中象征着肃杀和凄凉,如狄更斯的作品就写过How many winter days have I seen him standing blue-nosed in the snow and east wind,此处的east wind显然和中文语境中不一样,并不是象征希望和新生,而是对冬日凄冷环境的描绘和映衬。不同的历史和地域造成了不同语言的文化差异,在英语翻译中,翻译者必须理解和重视这层差异,才能准确地传达出语句的含义,完成文化上的交流。

1. 避免语用失误

语用失误是指翻译时忽略了两种语言的表达习惯或功能差异而造成的失误。具体表现在两方面。一是要去掉或精简原文中的信息。例如,在描述某支纪律严明、协调性高的队伍时,中文一般会用"阵容整齐的团队"来描述,但如果翻译成array of the team,那么原句中对团队的赞美和形容就无法体现,表现不出整齐雄伟的意境,因此可以翻译为A team with a neat line up来完成对团队的修饰,体现团队的纪律性。二是没有对素材中独有的文化现象进行专门的翻译。语言交流中蕴含了诸多历史元素,关系到很多地名、人名以及历史事件。在进行翻译之后,在某一国家或者民族中家喻户晓的历史事件可能对于外国人而言存在理解困难。例如,"八项条件"一词在中文中特指"国共和谈八项条件"这一历史事件，但如果直接翻译成eight terms，那么受者只能从字面含义粗浅理解为"八个条件"，使其理解出现偏差，所以学生在翻译实践过程中必须充分考虑历史事件的影响，避免将其单纯地按照字词理解来翻译，要结合语言涉及的历史背景和文化背景进行有针对性的语言转化，才能保证语义的准确传达。

2. 避免语言失误

语言失误一般来说归结于文化性翻译偏差，属于译文中违背语言规范的问题。对于这一问题来说，首先是语言表达方式存在错误，如长江的翻译Yangtze River，如果前面使用冠词，并不明确是使用a还是the，因此常常出现冠词使用不统一的情况。其次是拼写以及语法出现漏洞，由于中英文的语用习惯和语言逻辑不同，很多在中文语境下成立的语言在英语中却容易出现拼写及语法偏差。例如，"吃饭了吗？"这句话作为问句在中文语境中不需要给出主语就能让被问者明白其询问对象，但是在英语中，询问对方是否吃饭必须有明确的指代对象，因此该句要翻译成"Have you had dinner？"如果没有you，那么这句话就属于语法翻译错误。因为文化背景和思维逻辑的不同，学生在翻译实践中必须站在翻译语种的角度考虑，如果不注重翻译语种的用语逻辑，就会导致语序不通。再如，如果将"军人使用过的手枪"翻译为soldier pistol used则明显存在错误，原文实际属于短语，手枪属于核心词，且手枪属于可数名词，往往无法独立使用，需要在之前加a或the，准确的翻译是"The pistol used by the soldier."这样的用词才算合理，若学生没有深入准确了解英文公示语的特征，在翻译过程中很容易出现用词不合理的问题。

3. 避免文化失误

中西方发展历史的不同造成了人文思维以及思想方式的不同，若学生无法清楚了解这一问题，在进行翻译时必然会导致很多文化偏差。文化翻译失误属于功能性翻译失误，是学生必须克服的问题。例如，关于农民起义的翻译，有人会将农民翻译成peasant，但peasant这个词具有阶级属性，代表了一种社会阶级，更加强调人的出身及等级。对于英文的日常用语而言，这样的翻译表现出一定的歧义，是一种缺少礼貌或教养的说法。而"起义"在中文语境中本身是对农民反抗行为的肯定，尤其在我国的革命文化中，农民阶级属于红色文化的重要组成部分,属于无产阶级的核心力量,对我国革命最终取得的胜利意义重大,具有非常强烈的褒义色彩。因此,上文中选择peasant一词就与中国文化背景中对农民起义的情感认同出现严重偏差,导致情感上的重大失误,很容易给受者带来错误引导,让受者误以为在中文语境下对农民起义行为的态度偏中立甚至贬义。

(二)教育信息化时代高校英语文化教学的策略

英语教师应该努力培养学生的跨文化交际能力,具体来说,可以采用如下几个策略。

1. 文化比较和剖析

跨文化交际能力的培养是为了在全球化背景下帮助学生更好地进行文化交流和输出,教师可以借助工作之便与其他学科的教职工进行跨学科合作,如和历史、音乐等学科专业的教师沟通交流,了解在中国历史和文化事业的发展中有哪些本土文化辐射国外,且影响到国外人文形态的例子,并将其引入课程。例如,在教学《*Bill Gates in His boyhood*》一课时,教师除围绕Bill Gates的童年经历向学生进行讲述和讲解外,也可以适当加入一些我国近当代史上知名度较高的名人故事,让学生在解读国外名人传记的同时,也能了解中国近当代人物的著名事迹,并通过对比国外名人和国内名人的成长差异及最终成就,挖掘出东西方文化的观念差异所在。

同时,教师可以挑选一些典型的案例,如"天堂寨风景区",国内翻译成Tian Tang Zhai或者Tian Tang Zhai Scenic Fort,并未按照词汇逐句翻译成Heaven Village,这样做是为了有效规避东西方宗教文化的差异,从而防止外国人觉得该景点是带有宗教性质的地方。又如,中国龙,在英语中翻译成Loong,而非dragon,这是因为在西方奇幻文化和中国奇幻文化中,"龙"的象征意义不同,中国龙在中国神话中一般指代神灵和各种祥瑞,具有美好的意蕴,而在西方神话中,龙是强大、邪恶的动物,其本身的生物性也要大于神性,因此另创词汇有助于受者区分。

2.文化输出方式的授予

传统教学中,教师大多关注如何引导学生在英语环境下使用英语语种开展信息交流,但是随着新时期我国对文化事业的建设力度增强,对提升国家软实力的要求升高,在打造文化自信的教育大背景下,英语被赋予了更多的意义,教师的教学内容也要作出相应的改变。文化输出是扩大文化影响力的关键,要让中国的本土文化扩散到国外、扩散到全世界,让全球民众走近中国文化、认识中国文化,这就需要利用好英语这一国际语言,将其转变为输出中国本土文化的载体,通过英语交流,将中国的特色文化传播到世界各地,让中国的国际地位和影响力更上一层楼。

鉴于此,教师在高校英语课堂中就不能只关注培育学生的英语思维,更要关注帮助学生掌握应用英语进行文化输出的技巧和方法。语言作为文化交流工具,其应用形态的差异决定了文化传递的差异,学生在学习英语的过程中,要结合英语和汉语的区别,重点把握英语的特点,了解英语对各种文化概念的阐述和解读方式,然后通过合理的语言思维转换,正确将中国文化以英语形式展现出来,为文化输出作铺垫。

教师可以为学生布置相应的作业,如安排学生用英语撰写中华五千年历史的简介,并对一些汉语的专用词汇,如"天命""法统""偏安"等进行仔细的思辨,用网络检索学术文献或者同学之间互相讨论的形式敲定汉语专用名词在英语语境下的替代方式,以此来锤炼学生的多重文化语境转换能力,培育和加强学生借助英语输出本土文化的能力。教师还可以让学生将日常语境下的汉英用语加以对比,分析在汉语环境和英语环境中人们进行信息交流的趋同点和差异,从中抓住文化元素输出到不同文明体系时文化符号形态变化的关键点,让学生学会如何借助英语输出本土文化,如何通过丰富的英语知识来强化自身的文化输出能力,强化大学生利用英语向国际输出本土文化的能力。

第五章　教育信息化时代高校英语教学过程的改革

在信息化时代的高校英语教学过程中，教师需要不断地学习和掌握新的教学理念和方法，熟悉并掌握各种信息技术工具和平台的使用方法，以更好地适应信息化教育的发展趋势。同时，教师还需要注重培养学生的信息素养和创新能力，帮助学生更好地利用信息技术进行英语学习和交流。本章将具体分析教育信息化时代高校英语教学过程的改革。

第一节　教学过程的本质

教学过程是教师根据社会的需要和学生身心发展的特点，通过一定的教学条件和手段，指导学生认识课程和客观世界的过程。这个过程的目的在于使学生掌握知识和技能，培养他们的实际能力，提高他们的综合素质，以适应社会发展的需要。

当前，关于教学过程本质的认识还未形成一致观点，其中较为主要的观点有以下几个。

一、特殊认识说

特殊认识说认为教学过程从本质上来说是一种认识的过程，但其具有一定的特殊性。这种观点认为，教学过程中学生的认识是在教师的引导下间接地掌握人类长期积累的科学文化知识。这个过程具有一定的简洁性，因为学生可以快速地掌握人类长期总结出来的知识。但每名学生都有不同的学习方式和兴趣爱好，而特殊认识说没有提供足够的灵活性和多样性来满足这些需求。

此外，特殊认识说也难以解释一些现代教学方法和技术的运用。例如，合作学习、探究学习等教学方法可以激发学生的学习兴趣和主动性，提高学生的创造力和合作能力。但这些教学方法和技术与特殊认识说的观点不完全一致。

二、认识—实践说

"认识—实践说"强调了学生在教学过程中的主体作用，学生在教学过程中不应被动地接受知识，而应该主动地参与进来。同时，"认识—实践说"

也强调了教师的主导作用。教师不再是单纯的知识传授者，而是学生学习的引导者和启发者。教师需要帮助学生掌握正确的学习方法和思维方式。

此外，"认识—实践说"还强调了人的全部心理活动在教学过程中的重要性。学生的认知系统和情感系统是相互关联、相互影响的，只有两个系统同时参与，才能完成教学任务。因此，教师在教学过程中需要注意学生的情感和意志方面的培养，帮助学生形成健康的人格和良好的学习习惯。

三、认识—发展说

"认识—发展说"认为，在教学过程中，学生通过与教师的互动和自己的思考、实践，不断探索和发现新的知识，并形成自己的认知结构和思维方式，这是一个认识过程。同时，这个过程也是学生各方面得到发展的过程，包括智能的发展、世界观和道德品质的形成以及个性的全面发展等。

第二节 高校英语教学的基本组织过程

一、高校英语教学过程的基本环节

具体来说，高校英语教学过程的基本环节主要包括以下几个。

（一）明确教学目标

高校英语教学目标设计是高校英语教学过程的第一步，也是至关重要的环节之一。它决定了高校英语教学的方向和重点，是教师和学生教与学活动的起点和终点。明确高校英语教学目标有助于教师和学生明确教学要求和标准，从而更好地实现高校英语教学目的。

在确定高校英语教学目标时，教师需要考虑国家课程规划和培养目标，结合教材内容和学生的学习特点进行具体化的设计。高校英语教学目标应该明确、具体、可操作性强，能够衡量和评估学生的英语学习成果。同时，高校英语教学目标的设计应该体现教育理念，注重学生的全面发展，培养学生的创新精神和实践能力。

通过明确高校英语教学目标，教师可以更有针对性地设计英语教学环节，选择合适的英语教学方法、教学策略和教学媒体，从而更好地帮助学生掌握英语知识和技能。同时，明确高校英语教学目标也有助于教师针对学生的英语学习成果来反思和调整英语教学策略，以改进英语教学质量。

（二）激发学习动机

激发学习动机是高校英语教学过程的基本环节之一，可以通过提出具有挑战性和吸引力的问题、创设成功机会、合理利用奖励和惩罚、培养学习兴趣、明确学习目标、增强学生自信心等方式来激发学生的英语学习动机。

（三）感知教学内容

学生在对知识进行理解时，要以学生的感知和表象为基础，通过多样化的方式呈现材料，创造情境，将抽象知识与直观、生动的事实和形象有机结合起来，帮助学生理解知识。

1. 呈现材料

在高校英语教学过程中，教师需要提供多样化的材料和实例，帮助学生更好地理解英语知识。这些材料应该与学生的生活经验或感性知识相关，从而帮助他们建立正确的英语概念。

2.创造情境

通过创造英语情境，教师可以帮助学生更好地理解和应用英语知识。情境可以是真实的或模拟的，可以让学生更好地融入英语学习过程中，增强他们的英语学习兴趣和动力。

3.符号直观的结合

符号直观是指利用符号、图形、图表等工具来呈现知识。这些工具可以帮助学生更好地理解英语抽象的概念和关系，与物体的直观相结合，可以更好地促进学生的英语理解。

4.学会自我探索

学生需要学会自己运用感官进行探索，逐步掌握英语教材。这需要教师在英语教学过程中给予学生足够的自主权和探索空间，鼓励他们主动思考、发现问题、解决问题。

（四）理解教学内容

在传统的高校英语教学过程中，教师往往只关注知识的传递和灌输，而忽略了学生对英语教学内容的理解和掌握。然而，现代的高校英语教学理念强调学生对英语教学内容的理解和掌握，注重学生的主体性和参与性。

理解高校英语教学内容是指学生在教师的指导下，通过对英语教学内容的感知、理解、巩固和应用等过程，逐步掌握所学知识，并能够将其应用于实际问题的解决中。这个过程是一个认知过程，需要学生积极主动地参与和思考，同时也需要教师提供适当的指导和支持。

为了帮助学生更好地理解高校英语教学内容，教师需要注意以下几点。

1.明确教学目标

高校英语教师需要明确英语教学目标，确定高校英语教学内容的重点和难点以及学生需要掌握的知识点和技能点。

2.合理呈现教学内容

高校英语教师需要将教学内容以适当的方式呈现给学生，如讲解、演示、讨论、练习等。同时，教师需要注意学生的认知特点和兴趣爱好，通过多样化的英语教学方法去激发学生的学习兴趣。

3.引导学生思考

在高校英语教学过程中，教师需要引导学生思考，启发学生发现问题、解决问题，并鼓励他们积极表达自己的想法和观点。

4.及时反馈和调整

高校英语教师需要及时了解学生的学习情况，给予反馈和指导，同时根据学生的反馈和表现，及时调整教学策略和方法，确保学生能够更好地掌握所学知识。

（五）巩固教学内容

巩固教学内容是高校学生学习过程中的重要环节，也是高校英语教师教学过程中需要关注的重要方面。巩固教学内容不仅可以帮助学生掌握所学知识，还可以促进他们的后续学习和发展。在高校英语教学过程中，教师可以通过以下方式来巩固教学内容。

1.提出记忆要求

高校英语教师需要给学生提出一定的记忆要求，指导他们如何记忆所学知识。这可以通过课堂提问、家庭作业、考试等方式来实现。同时，高校英语教师还可以教授学生一些记忆技巧，如分类记忆、联想记忆等，帮助他们更好地记忆所学知识。

2.及时复习

及时复习是巩固教学内容的重要手段之一。高校英语教师需要在课堂上留出一定的时间进行复习，或者安排一些课后复习作业，帮助学生及时巩固所学知识。同时，高校英语教师还可以教授学生一些复习方法，如分散复习、集中复习等，帮助他们更好地进行复习。

3.练习巩固

高校英语教师可以通过布置练习题、练习册等方式来帮助学生进行练习巩固。同时，教师还可以通过组织实践活动、项目式学习等方式，让学生在实际操作中巩固所学知识。

4.建立知识体系

高校英语教师可以通过引导学生建立知识体系，将所学知识进行归纳、分类、整理，帮助他们更好地掌握知识。这可以通过制作概念图、思维导图等方式来实现。

5. 督促自我复习

高校英语教师需要督促学生进行自我复习，通过复习可以使掌握的知识更加牢固。同时，高校英语教师也可以通过组织学生之间相互讨论等方式促进学生的自我复习和互相学习。

（六）运用教学内容

在运用知识的过程中，学生可以通过模仿性练习来初步掌握解决问题的技能和技巧。模仿是学习的重要方式之一，通过模仿教师可以帮助学生学会如何运用知识，并逐步提高技能水平。同时，高校英语教师还需要引导学生综合运用所学知识，鼓励他们在模仿中进行创新，以应对棘手的问题和突发事件。

此外，知识的运用也可以深化学生对所学知识的理解，使他们能够更自如地运用知识，做到举一反三。知识的运用和实践是促进技能形成的重要途径，通过不断地实践和反复练习，学生可以掌握更多的技能和技巧，并将英语应用于日常生活和社会实践中。

（七）测评教学效果

在教育信息化时代的高校英语教学中，教学效果的测评通常包括以下几个方面。

1. 观察学生的表现

高校英语教师可以通过观察学生在课堂上的表现，如回答问题、参与讨论、完成作业等情况，来了解学生对知识的掌握程度。

2. 提问和测试

高校英语教师可以设置一些问题或测试题，通过学生的回答情况来了解他们对知识的理解程度。

3. 考试评估

高校英语教师要定期进行考试，了解学生对知识的掌握情况，以及他们在分析问题和解决问题方面的能力。

4.学生自我评估

高校英语教师要引导学生自我评估，让他们对自己的学习进度和掌握程度有更清晰的认识。

5.教师反思和总结

根据学生的表现和评估结果，高校英语教师需要进行反思和总结，找出教学中存在的问题，并制定相应的改进措施。

通过以上环节，高校英语教师可以及时获取关于教学效果的反馈信息，从而调整教学策略和方法。同时，学生也可以通过教学测评，发现自己的不足之处，从而调整学习方法，提高学习效果。因此，测评教学效果是现代教学过程不可或缺的重要环节之一。

二、高校英语教学过程的组织形式

高校英语教学过程的组织形式决定了师生之间的相互作用和组合方式以及时空关系的安排。合理的高校英语教学过程组织形式可以有效地提高英语教学质量，促进学生的英语学习效果。

（一）高校英语教学过程组织形式的类型

教育信息化时代高校英语教学过程的组织形式主要包含以下几种。

1.课堂教学

高校英语课堂教学是最基本的教学过程组织形式之一，通常被称为"班级授课制"。在这种教学组织形式中，学生按照年龄、能力、兴趣等因素被分配到不同的班级，由教师按照固定的课程表和教学进度进行授课。

（1）高校英语课堂教学的主要特点

高校英语课堂教学的主要特点包括以下几方面。

班级固定：每个班级有固定的学生和教师，学生之间相互熟悉，有利于开展集体活动和交流。

课程设置统一：每个班级的课程设置都是统一的，按照教学计划和教材进行授课，有利于保证教学质量和内容的系统性。

课堂教学为主：高校英语课堂教学以教师的讲解、演示、示范等为主要教学方式，学生通过听课、练习、讨论等方式进行学习。

注重集体教育：高校英语课堂教学注重集体教育，强调学生之间的合作、交流和互相学习。

（2）高校英语课堂教学的优点

高校英语课堂教学的优点主要包括以下几方面。

提高教学效率：高校英语课堂教学可以以较小的班级规模和固定的教学进度进行，使得教师能够更高效地传授知识和技能，同时减少了因个别学生学习进度不同而产生的差异化教学的时间和精力。

普及教育：高校英语课堂教学能够将相同的知识和技能传授给大量的学生，有利于提高整个社会的教育水平和知识普及程度。

培养学生的集体荣誉感：在班级授课制中，学生之间相互学习和交流，有利于培养他们的集体荣誉感和合作精神。

（3）高校英语课堂教学的缺点

高校英语课堂教学的缺点主要包括以下几方面。

缺乏个性化和差异化教学：课堂教学往往采用统一的教学内容和进度，难以满足不同学生的特殊需求和个体差异，不利于学生的个性化发展和创新能力的培养。

难以满足学生的特殊需求：有些学生可能因为身体条件、学习风格、兴趣爱好等方面的不同而有特殊的学习需求，课堂教学可能难以满足这些需求。

为了弥补课堂教学的不足，现代教学实践中往往采用多种教学过程组织形式相结合的方式，以实现更好的教学效果。例如，在课堂教学中引入个别化教学和小组合作学习等教学形式，可以更好地满足学生的个性化需求和学习风格差异，提高学生的学习积极性并培养学生的合作精神。

另外，随着现代教育技术的发展，在线学习、自主学习等新的教学过程组织形式也逐渐得到广泛应用。这些形式可以为学生提供更为灵活的学习方式和丰富的学习资源，更好地满足学生的个性化需求并提高教学质量。

2. 现场教学

高校英语现场教学是一种辅助性的教学形式，它旨在通过直接的经验和实践，让学生更好地理解和掌握知识。这种教学形式通常在社会现实活动中进行，使学生能够将所学知识应用到实际情境中，并从实践中获得必要的直接经验。

高校英语现场教学与课堂教学相比，具有一些显著的特点。首先，高校英语现场教学更注重实践和应用，学生可以通过亲身实践和体验，深入了解知识的实际应用和现实意义。其次，高校英语现场教学的教学环境更加开放和多元，学生可以在更广阔的范围内了解社会、了解自然，从而更好地扩展视野和积累经验。最后，高校英语现场教学可以促进学生的主动性和创造性，学生需要在实践中自己动手、自己思考、自己解决问题，从而培养独立思考和解决问题的能力。

在高校英语现场教学中，教师需要扮演引导者和指导者的角色，帮助学生将所学知识应用到实践中，并引导学生通过实践来检验知识的正确性。同时，教师还需要对实践过程进行监督和管理，确保学生的安全和教学的顺利进行。

总之，高校英语现场教学是一种具有独特优势的教学形式，它能够通过实践和应用，帮助学生更好地理解和掌握知识。同时，这种教学形式还可以扩展学生的视野、培养学生独立思考和解决问题的能力。因此，在教育实践中，应该根据实际情况和需要，灵活运用现场教学这一辅助性的教学形式。

3. 复式教学

高校英语复式教学是一种特殊的教学组织形式，它把两个或两个以上年级的学生编入一个班级，由一位教师同时教授不同年级的学生。

在高校英语复式教学中，教师需要采取不同的教学方法和策略，以适应不同年级学生的需求。同时，教师还需要根据学生的实际情况进行备课和教学，确保每名学生都能够得到有效的教学指导。

（二）高校英语教学过程组织形式的选择

高校英语教师在选择教学过程的组织形式时，应该考虑以下几个方面。

1.教学的目的、内容和方法

高校英语教学的目的、内容和方法的差异会影响到教学过程组织形式的选择。例如，对于一些注重实践操作和技能培养的课程，可能需要采用实践教学形式，而一些注重理论知识和综合素养的课程则可能更适合采用课堂教学形式。

2.教学的任务和学生的需要

高校英语教师应该根据教学任务和学生的需要选择最合适的教学过程组织形式。例如，对于一些需要发挥学生主动性和创造性的任务，可能需要采用小组合作、项目探究等组织形式，而一些需要教师讲解和示范的任务则可能更适合采用课堂教学形式。

3.教师和学生的实际情况

高校英语教师和学生的实际情况也是选择教学过程组织形式的重要因素。例如，一些教师可能更擅长使用多媒体技术和网络资源进行教学，而一些学生则可能更喜欢传统的课堂教学方式。因此，在选择高校英语教学过程组织形式时，需要考虑教师和学生的实际情况。

第三节　高校英语教学信息化教学方法及其优化选择

一、高校英语任务型教学法

（一）任务型教学法的定义

目前学术界对语言教学中"任务"的定义存在不同的见解。

较早阐述"任务"定义的是理查德（Richard，1985）。他将任务定义为一个特殊的行动或事件，用以处理和理解语言，如短跑运动员听到枪声开始起跑、钢琴家听着音乐谱出悦耳的音符、教师根据教材写出教案等。以此为基础，他将教学中的任务定义为一种旨在提高学生习得目的语水平的特殊活动。威廉斯（Willis，1996）[1]认为任务的实施过程分为任务前、任务中和任务后三个阶段，并提出三个阶段的任务侧重点是有所不同的。埃利斯（Ellis，2003）[2]认为设置任务应从帮助学生完成交际目的的角度出发，语言的意义功能是任务的重点，而非形式。努南（Nunan，1989）[3]将任务分为两类，即真实世界任务和教学任务。他认为在现实生活中发生频率高的任务是学生应该掌握的主要任务；单纯为了教学设置的任务在一定程度上虽然也能帮助学生快速习得目的语，但设置的任务也应尽量接近现实生活。

上述观点对语言教学中"任务"的界定侧重点有所不同，但对其在语言教学中的重要地位和作用的认同已达成共识。因此，在高校英语教学中，"任务"是教师在课堂上设置的，旨在提高学生言语交际能力的活动。同时，大部分学者强调在"任务"的实施过程中，遵循"以学生为主体"的原则，强调"学生本位"的理念，赋予学生更多的自由和发言权，最大程度发挥"任务"的功能和优势，使学生在"边做边学"的过程中掌握语言知识，提升语言理解和表达能力。

（二）任务型教学法的教学原则

1. 真实性原则

真实性主要是指语言教学中的任务活动应力求与现实生活相契合，设计任务时应尽量创设贴近现实生活的真实情景。教师从学生的英语水平和需求出发，结合实际教学环境设计出接近现实生活中的交际活动的任务，让学生在完成任务的过程中掌握语言知识，促使其尽可能多地接触生活中真实的语

---

[1] Willis, J. A Framework for Task-Based Learning[M]. London: Longman, 1996.
[2] Ellis, R. Task-based Language Learning and Teaching[M]. Oxford: Oxford University Press, 2003.
[3] Nunan, D. The Learner-Centered Curriculum: A Study in Second Language Teaching[M]. Shanghai: Shanghai Foreign Language Education Press, 2005.

言，在筛选任务素材时，教师要重视与学生学习和生活密切相关的语言材料，如此以真实性为前提的教学才能够清晰地区分语言的形态与功能，使学生在完成课堂任务的同时充分体会语言形式与功能之间的联系，进而提升学生综合运用语言的能力。

2. 连贯性原则

连贯性主要是指语言教学中的各项任务之间要呈现从易到难的阶梯状上升趋势。教师在布置任务时要遵循由浅入深、由易到难的原则，前几个任务的难度不能太高，以帮助学生树立自信心，从而使其能够保持较高的积极性投入到后续的学习中，教师在布置之后几个任务时应逐渐增加任务的难度，并且任务之间逻辑关系要明确，任务的步骤与环节要连贯、流畅，同时还要注重教学内容之间的衔接。任务型教学的连贯性主要体现为任务的连贯，各个任务之间是环环相扣、层层推进的关系，前一个任务是为后一个任务作铺垫的。任务的连贯性还表现为师生互动，在学生执行任务的过程中，教师担任引导者和监督者的角色，当学生遇到困难时，教师应积极帮助学生解决问题，从而保证任务完成的连贯性。任务型教学法倡导连贯性原则，强调了教师在设置教学活动时，必须根据学生已有的水平而定，否则就不利于任务的实施以及学生对新知的掌握。

3. 交际性原则

任务型教学法注重培养学生的语言交际能力，主张学生在完成课堂任务的过程中，通过互动、交流、小组合作的方式逐渐习得目的语，提高目的语的输入和输出频率，从而帮助学生获得语言知识，提升学生的语言理解和语言交际能力。因此，教师应注意任务的设置要为培养学生的语言交际能力服务，任务的难度要与学生实际的语言水平相适应，任务难度过高，则会降低学生主动说英语的兴趣，不利于提升学生运用英语进行交际的能力；教师应多设置一些交际性任务和小组活动，如情景对话、角色扮演、辩论赛等，增强学生的课堂参与意识，促进师生、生生间的交流与互动，使学生在完成任务的过程中逐渐学会用英语表达自己的诉求，从而不断提高其语言交际能力。此外，在学生展示任务成果时，教师应遵循"意义优先"原则，给学生纠错时要适"度"，以免打击学生学习英语的积极性和自信心。

（三）高校英语任务型教学法的实施

目前学界对于高校英语任务型教学法的实施步骤认可度最高的是威廉斯（1996）在其《A Framework of Task-Based Learning》中提出的三阶段模式，分别为任务前、任务中和任务后阶段。

1. 任务前阶段

任务前阶段是高校英语任务型课堂教学实施步骤的第一个环节，也是高校英语任务开展前的准备阶段。这一阶段教师可以从教学和情感两个维度引导学生完成任务执行前的准备工作。在高校英语教学方面，教师应明确任务的主要内容，向学生介绍任务的大致流程和任务执行时需要注意的相关事项，激活学生头脑中的语言储备。在介绍任务要求时，教师可以通过播放视频、展示实物、多媒体展示图片等方式进行导入，通过这些方式进行导入有助于快速集中学生的注意力，使学生全身心地投入英语的学习中；在情感方面，教师在上课前应充分备课，明确教学目标和教学重难点，并思考新知与学过的知识是否有联系。此外，备课的同时也要备学生，了解每一名学生的英语水平和学习需求，最大程度地激发学生学习英语的积极性，使学生能够积极地参与任务活动，减少部分学生抵触上课的情绪，如上课伊始，教师可以向学生进行简单的问候，或者播放舒缓的音乐和有趣的视频，减轻学生学习英语时紧张焦虑的心理，为学生创造一个轻松愉悦的学习氛围，让学生能够全身心地参与教学活动。在整个教学活动中，任务前阶段是任务型教学课堂的基础部分，关系着后续任务是否能够顺利开展。

2. 任务中阶段

任务中阶段是高校英语任务型课堂中学生执行任务的过程。在这一阶段，学生是课堂的中心，是任务执行的主体，教师主要起到引导和监督的作用，最大程度保证学生的主体地位。学生完成任务有很多途径，如小组合作、情景对话、探讨交流等。在学生执行任务的过程中，教师应使用大量鼓励性的语言，并引导学生运用英语语言来完成任务，但不可过多干涉。由于学生水平有限，因此在任务执行过程中，应允许学生查字典、使用翻译软件解决疑难问题，针对学生解决不了的问题教师应及时作出解释、提供帮助。这样既保护了学生表达的兴趣，同时也能加强教师与学生之间的互动。此外，教师还要掌控好执行任务的时间，鼓励学生尽量自主完成任务。

3. 任务后阶段

任务后阶段是高校英语任务型教学法的最后一个环节，也是学生任务完成情况的总结反馈阶段。在这个阶段，首先，学生已经完成小组任务，教师可采用提问和小组汇报的方式来检验学生掌握知识的情况，从而把握学生完成任务的程度；其次，教师要结合学生实际，启发学生解决问题，归纳出学生错误率较高的方面并进行提示和纠正，然后带领学生梳理本节课的知识内容、复习回顾教学重难点，进一步帮助学生巩固所学知识；最后，教师指导学生进行语言形式的操练，从而培养学生将语言知识和语言形式转化为言语交际的能力。

任务型教学法的实施步骤包括任务前、任务中和任务后三个阶段。在教育信息化时代背景下的高校英语任务型课堂上，教师要把握好这三个环节，在实施过程中应注意三个阶段的前后贯通，层层递进，帮助学生掌握语言知识和语言技能，加强学生学习英语的兴趣，提升他们综合运用语言的能力。

二、高校英语成果导向教育法

（一）成果导向教育

成果导向教育理念的全称是Outcome-Based Education，这一理念是由美国社会学家威廉·斯派蒂（William G. Spady）于1981年提出的。1994年，他在著作《基于产出的教育：争议与答案》（*Outcome-Based Education：Critical Issues and Answers*）里对成果导向教育理念的内涵进行了定义："清晰地聚焦和组织教育系统，使之围绕确保学生在未来生活中获得实质性成功的经验"。[①]

[①] Spady, W. G. Outcome-Based Education: Critical Issues And Answers[J]. Arlington, VA: American Association of School Administrators, 1994 (21): 1-10.

李志义、朱泓、刘志军等（2014）归纳了成果导向教育的实施框架：一个核心目标、两个重要条件、三个关键前提、四个实施原则、五个实施要点（图5-1）。①

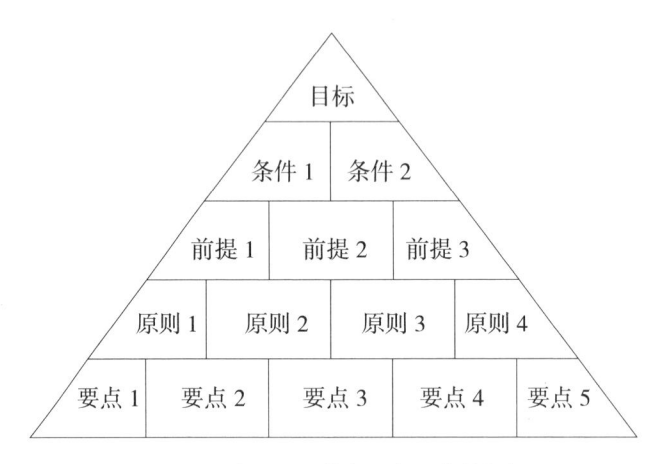

图5-1 成果导向教育三角形实施框架

核心目标：每名学生都要达成最终的顶峰成果。

重要条件：

（1）描绘成果蓝图，明确学生应达到的能力，使学习成果清晰化。

（2）创设成功环境，为学生提供合适的条件和机会以达到预期目标。

关键前提：

（1）通过学习每个学生都可以获得成功，但是所需的时间不同、采用的方法不同。

（2）成功是成功之母，即一次学习的成功会促进下一次成功的学习，层层递进，最终达到顶峰。

（3）学校掌握着学生成功的条件，因此学校应提供更多的学习机会和学习资源给学生，以帮助他们达成最终成果。

---

① 李志义，朱泓，刘志军，等.用成果导向教育理念引导高等工程教育教学改革[J].高等工程教育研究，2014（2）：29-34+70.

实施原则：

清楚聚焦、扩大机会、提高期待以及反向设计是在真正落实成果导向教育理念过程中应遵循的四项基本原则。这四项基本原则的提出是建立在两个前提基础之上的：

（1）教育对人才培养提出的基本要求具有可判断性。

（2）每名学生的发展存在无限可能性。

考虑以上两点，斯派蒂才构建了实施成果导向教育理念的基本原则。第一，清楚聚焦是实施成果导向教育理念最基础且最关键的一条原则，它要求教师和课程计划者清楚地聚焦于他们期待学生最终获得的学习成果，并以此来开展教学设计和教学活动；不仅如此，它也对学生提出了要求，学生也要把学习目标明确地聚焦于学习成果上面。第二，扩大机会这一原则是指学生个体之间具有差异性，他们可能不能用同样的方式和同样的时间取得相同的成果，但是成果导向教育理念相信"人人皆能成功"，因此学校和教师应尊重学生个体之间的这种差异性，提供指导、灵活安排教学时间和教学资源以及进行科学评价，从而保证每名学生都有成功的机会。第三，提高期待这一原则指在教学实践过程中教育者对学习者设定合理且高于他们自身水平的教学目标，这个教学目标要遵循最近发展区这一理论，需具备挑战性，同时也要不失可实现性。但需要注意的是，这个教学目标不是固定不变的，要跟随学习者的变化发展而进行动态设定，始终以学生的发展水平为依据，构建更高一级的标准，从而保证"成功到更成功"的学习的有效推进。第四，反向设计这一原则与预定的学习成果密切相关，即这些成果不仅是教学设计和课堂活动安排的终点，也要以此为起点反向设计课程，认真思考怎样以最终的成果为出发点，自上而下的设计活动才可以保证学习成果的顺利实现。以上四个基本原则息息相关，缺一不可。

实施要点：

斯派蒂在构建出的金字塔结构中，列出了在实际应用成果导向教育理念时应遵循"确定学习成果""构建课程体系""确定教学策略""自我参照评价"以及"逐级达到顶峰"五个实施要点。第一，学习成果指的是学生在结束某一门课程的学习之时或者之后能够取得清楚的、可以看见的、可以证实的成果。[①]在明确学习成果时应考虑多方面的因素，包括社会、学校、家长和学生本人，这些成果不仅是教学设计和课堂活动安排的终点，也要以此为起点。第二，构建课程体系是在明确学习成果之后，可以通过一种或者多种课程来实现这些学习成果，同时，一门课程也具备完成多种成果的能力，它们相互之间存在着清楚的映射关系。第三，教学策略是帮助实现学习成果的有效手段，与以教师为中心的传统教学方式大为不同，成果导向教育理念强调要以学生为中心，关注学生的学习结果、能力；同时，成果导向教育理念更多关注的是输出而不是输入；此外，由于学生个体之间存在差异性，成果导向教育理念也提倡个性化教学，教师要依据学生的特点、目标、学习进度等采取因材施教的方式，制定有针对性的教学方案。第四，自我参照评价应根据学习成果，对学生所取得的成果以及能力的提升进行多元、个性化的评价，而不是仅仅对学生进行终结性评价。第五，逐级达到顶峰指的是拆分学习成果，把学习成果定级，让学习者在学习过程中逐渐实现由低级到高级的转变，最后走向顶峰，这表明学生可能花费不同的时间，采取不同的学习手段和方法，但是他们最终会抵达相同的目标。

（二）高校英语成果导向教学的设计原则

1. 成果导向

高校英语教学以成果为导向，强调高校英语教学过程中教学设计要清楚聚焦在学习者最终可获得的学习成果上，高校英语教学活动的全过程围绕学生最终可获得的学习成果进行，之后对高校英语教学过程与教学评价等各元素进行反向设计。教师要让学生知道他们正在达成什么样的高校英语教学目标，为什么要达成这一教学成果，如何实现高校英语教学目标。

2. 以学生为中心

基于成果导向教育理念的高校英语教学模式以学生为中心，新教学模式要求在高效的英语教学活动中，培养学生的自主探究能力和自主学习意识，

[①] 姜波. OBE：以结果为基础的教育[J]. 外国教育研究，2003（3）：35-37.

让学生在教学实践中能够有目标地、自主地进行探究学习。教师对学生教学活动结束后需要掌握的专业知识与技能进行全面分析与教学设计，在教学实施的过程中以学生的发展为主线，教学效果的顺利实现为关键，将课堂还给学生，尊重学生的主体地位，充分激发他们的学习热情，实现任务成果并完成知识内化吸收。

3. 扩大机会

"扩大机会"意味着学校和教师应尊重学生之间的个体差异，给学习者提供更多的机会，帮助他们达到学习成果。基于成果导向教育理念的高校英语教学模式强调要让所有学生都能在学习过程中获得成功，但是学生获得成功的时间和方式是不一样的，给学生提供更丰富的学习资源，使用更灵活多样的方法，以丰富学生的学习体验。教师还应以更弹性的方式让学生进行个性化学习，以更丰富多元的评价机制，给予学生更多的机会，帮助学生达成英语学习目标。

4. 持续改进

基于成果导向教育理念的高校英语教学评价不但用于评判学生的英语学习情况，更是为了获得英语学习反馈，及时发现高校英语教学过程中存在的问题，对高校英语教学全过程进行持续改进。持续改进有利于教师对高校英语教学目标与教学过程进行完善，使高校英语教学全过程更符合学生的英语学习特点与需要，发挥更好的教学作用。对学生进行教学评估时，要注重过程性评价，以更好地掌握他们的学习状况。

5. 线上线下相结合

基于成果导向教育理念的高校英语教学模式打破学习时间、空间上的界限，结合教学云平台，以线上线下相结合的方式为学生进行教学。将传统高校英语教学模式中教师课堂讲授、课后解决问题转变为课前线上学习、课中线下教师指导学生合作探究、交流讨论。线上教学环节的加入，以新颖的学习资源吸引学生注意，在丰富学生学习体验的同时，满足学生个性化学习需求，与线下教学环节相结合，扩宽学生知识积累，激发学生的学习积极性与主观能动性。在确定课程目标时，教师可根据不同的教学环节设定不同的教学目标，在课前线上教学环节以达成低阶知识目标为主，而课中线下教学环节以推动学生达成高阶思维目标为主。

（三）高校英语成果导向教学法的实施

在确定高校英语教学目标、重构高校英语教学内容后，需要配备相应的高校英语教学资源、设计对应的高校英语教学流程、确定高校英语教学方法以支撑高校英语教学成果。基于成果导向教育理念的高校英语教学模式强调采取线上线下相结合的方式实施高校英语教学，借助云教学平台，无论是学习空间上还是时间上与传统高校英语教学模式相比都更灵活、自由。通过对成果导向教育理念与高校英语教学模式进行深入分析，本书设计出"三环十步教学流程"，如图5-2所示。

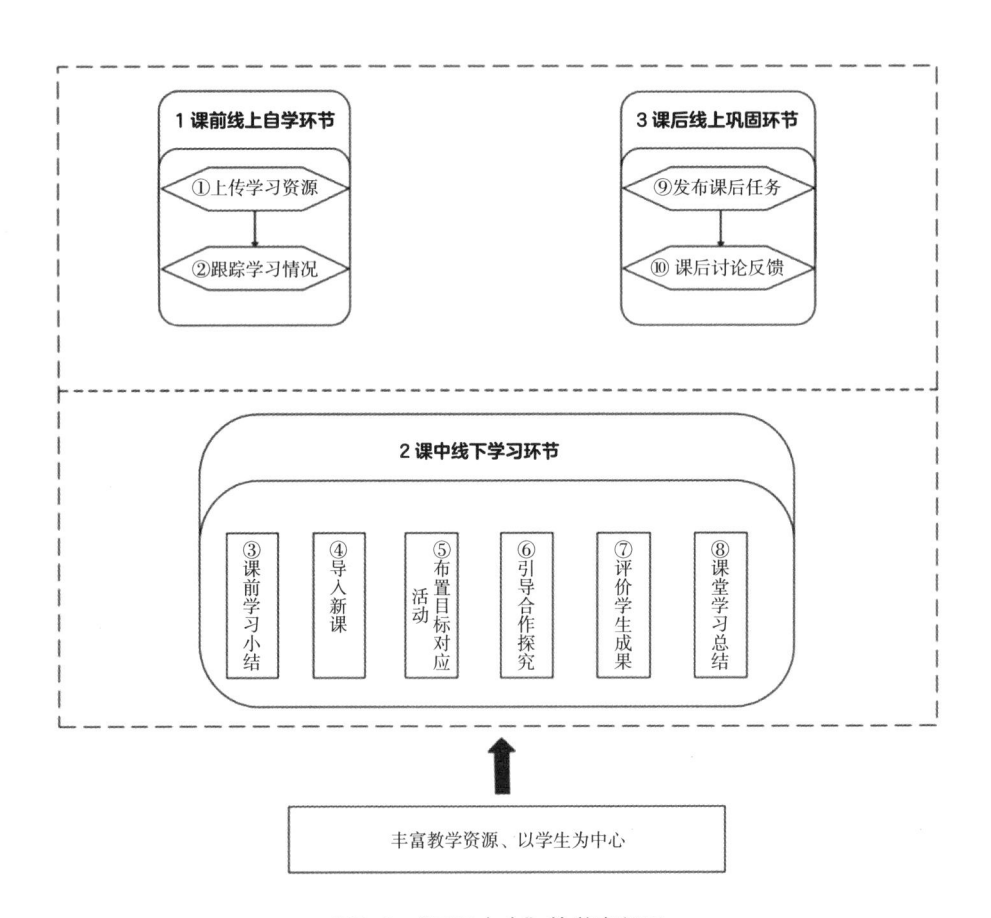

图5-2 "三环十步"教学流程图

1. 课前线上自学环节

（1）上传学习资源。成果导向教育理念要求高校英语教学成果的清楚聚焦。上课前，教师需要确定课程教学目标，在此基础上进行整体教学设计。在高校英语教学云平台上传相关学习资源供学生进行课前自学，学习资源应尽可能地贴近学生日常生活，以提升学生学习兴趣，使学生产生学习共鸣。微课资源时长不应过长，控制在学生有效学习时间内，难度不宜过大，以免影响学生对本节课的学习兴趣和学习积极性。通过这一步骤让学生明确课程学习目标，学习本节课的基础知识，获得学习成就感。

（2）跟踪学习情况。学生在完成课前自学环节的学习后，还应积极完成课前小测任务，向教师反馈课前学习效果。对于遇到的疑难进行适当标记，以便在课堂上展开讨论。教师及时跟踪学生课前自学环节的学习情况，对课中教学环节进行适当调整，使教学活动更具针对性和适应性，同时对学习资源、课前小测完成情况进行记录，作为其中一项结果对学生进行过程性评价。

2. 课中课堂学习环节

课中课堂学习环节主要采取教师辅助学生解决问题和组织学生进行线下交流讨论、合作探究的方式进行。课中课堂学习环节和课前自学环节并不是相互独立的，它们是相辅相成、互相促进的。课中教学环节是对课前自学环节知识的深化学习，也是提升学生综合素质的关键环节。

（1）课前学习小结。高校英语课堂教学活动实施前，教师需对课前自学环节的内容与学习情况进行小结，之后带着学生一起回顾课前学习内容，梳理课前学习环节的重难点，讲解课前小测题目。

（2）案例导入新课。课堂小结后，以学生感兴趣的案例导入新课，向学生提出问题，激发学生思维，引起学生注意，让学生通过讨论和分享来解决问题。

（3）布置目标对应活动。基于成果导向教育理念的高校英语教学在课中学习环节以组织学生交流讨论、合作探究的方式进行。教学活动设置上应与课程目标相对应，使学生完成活动探究后能顺利获得学习成果。在这一环节中，教师需要让学生明确活动内容，学生确定分组后给学生发放完成活动需要用到的工具与材料。

（4）引导合作探究。在活动探究过程中，教师需要实时监督学生课程任务完成情况，把握时间和控制课堂秩序，认真观察学生在合作探究时的表现，记录他们遇到的问题，并加以适当指引，要鼓励学生克服畏难情绪，遇到困难时与小组成员共同合作，有刻苦钻研的精神，学会使用现有的学习资源共同分析、解决问题。

（5）评价学生成果。在完成活动后，各个小组需要派代表对成果进行展示与汇报，讲解成果完成思路、遇到的问题和解决的方法等。在组员汇报时，别的小组成员可以对组员汇报情况进行拍摄记录，帮助汇报员汇报后观看视频反思自己的表现，以提高学生的语言表达能力、仪态和汇报能力。在小组汇报过程中，教师可以邀请其他小组对学生成果进行点评，汇报完成后，教师需要对每个小组的整体表现进行总体评价。对学生活动成果进行评价能使学生更客观地了解成果完成情况和学习表现，促进学生自我反思，提高学习成效。

（6）课堂学习总结。学习结束后，教师需要带着学生一起对教学内容进行总结，梳理巩固课堂知识，帮助学生突破重难点。在整个课中教学环节，应坚持以学生为中心，给学生足够的空间让学生自行发现问题、解决问题。课中课堂学习环节让学生在合作交流、互动探究过程中进行知识的内化与运用，使学生达成"应用""分析""评价"高阶学习目标，同时提升学生的团队合作能力、分析解决问题能力等。

3. 课后线上巩固环节

课后线上巩固环节主要对课堂知识进行巩固，促进知识的迁移与升华，对于部分知识点还可在这个环节给学生提供拓展学习资源供学生进行学习。这个教学环节主要通过云学习平台进行。

（1）发布课后任务。教师在云教学平台发布课后任务。教师需要提前准备好课后作业及相关资源，资源应具备趣味性，以提升学生的学习积极性。

（2）课后讨论反馈。在课后讨论时，教师可以组织学生分享本节课的学习心得和遇到的问题，让大家一起交流讨论。教师充分发挥引导者的角色，引导学生对问题进行思考、协助学生解决疑难。通过鼓励学生多发言，帮助学生吸收、理解本节课的学习内容，促进部分学生克服胆怯等特点，培养他们的自信心。如果学生对教师教育教学有什么意见也可在这个环节提出，彰显学生主体地位。根据学生课堂学习成效、成果达成状况，对教学活动进行持续改进，反思教学过程。课后学习环节使学生实现知识的巩固和迁移，同时可以培养学生的综合能力，帮助学生达成"创造"高阶目标。

4. 教学方法

教学方法是使学生在高校英语教学活动中达成教学目标的手段，好的教学方法能提高学生的学习兴趣，使学生更好地掌握课程内容。基于成果导向教育理念的高校英语教学模式强调以学生为中心与扩大机会的教学设计原则，所谓"教无定法，学无定式"，我们可以采取多种教学方法与模式让学生进行该门课程的学习，如任务驱动法。采用任务驱动法时，教学目标会被教师设置在教学任务中，之后让学生根据任务书的内容自主探索，通过与小组成员共同协调、自主探索完成教学任务，充分发挥学生的主观能动性，培养学生多方面的能力。除了任务驱动法之外，项目教学法同样可以应用在基于成果导向教育理念的高校英语教学中，项目教学法以"确定项目、制订计划、活动探究、作品制作、成果交流、活动评价"为教学设计思路。教师设计一个与课程内容有关的项目，然后交给学生自己通过搜集与项目相关的信息、设计解决方案结合课堂知识去实施项目，整个过程到最终对项目的评价，学生都需要参与其中，学生通过完成项目实现知识内化，达成教学目标。

5. 教学资源整合

基于成果导向教育理念的高校英语教学强调扩大机会，根据学生的特点和需要给学生组织丰富的教学活动、提供优质的教学资源。教学资源有利于教学活动顺利开展，激发学生的学习动力，助力高效率达成高校英语课程学习目标。在高校英语教学实践过程中，可以给学生提供以下教学资源。

（1）可视化学习资源。可视化学习资源包括微课、视频等。可视化教学资源时长需控制在有效学习时间内，解释清晰易懂，最好辅以动画片段，以激发学生学习兴趣。

（2）课程教学课件。PPT为学习过程中重要的学习资源，既可以在课堂上辅助教师讲解新的知识，也可以帮助学生课后及时对知识进行梳理与巩固学习。在高校英语教学活动实施过程中，当学生遇到疑难，也可以通过高校英语教学PPT查找答案。一个好的高校英语教学PPT使学生对高校英语知识的掌握更具逻辑性与系统性。

（3）其他教学资源。除了上述教学资源，还可以准备与高校英语课程教学方法、需要相对应的一些高校英语教学文件，如课程任务的任务单、评分表、文档资料、练习题等。

三、高校英语产出导向法

（一）产出导向法的内涵

产出导向法（Production-Oriented Approach，POA）是我国文秋芳教授在英语教育领域所提出来的一种创新的英语教育理念。产出导向法的核心提倡"以学习为核心，以提高学生的效率"，强调"学"与"用"相结合。[1]

产出导向法中的教学假设理论为实际教学课堂中的教学流程设计提供了理论支撑；而"输入促成假说"则提出了一个新的观点：恰当的输入能够提高学生的英语水平；"选择学习假说"的真正含义是：从学生的实际需求出发，选择对产生结果有利的教材，以节约时间，达到较好的学习结果；"以评促学假设"则倡导在教师的指导下，通过学生的自我评价、学生之间的同伴互评以及师生合作评价来对学生的学习情况进行深入分析。[2]

（二）高校英语产出导向法教学法的实施

1. 驱动环节

第一个部分是"呈现交际场景"，教师需要运用自身的创意和语言、视

---

[1] 文秋芳. "产出导向法"教学材料使用与评价理论框架[J]. 中国外语教育，2017，10（2）：17-23+95-96.

[2] 邵荣青. 基于产出导向法的高校英语词汇混合式教学设计[J]. 英语广场，2022（21）：106-109.

频、图片等媒介让学生体会到真实的交际情境，这就要求教师在课前深入了解学生的兴趣和需求，搜集合适的驱动材料，用大量的输入来激发学生的好奇心或者激活学生的相关背景知识，要求教师与时俱进，具备强大的创新能力。

第二个部分是"学生亲身体会"，教师呈现部分驱动材料之后给学生安排一定输出任务，如回答问题、分享趣事等，运用自己的英语知识完成交际性任务，在此过程中让学生意识到自己对相关英语知识的匮乏，从而激发求知欲。

第三个部分是"教师说明教学目标和产出任务"，需要注意的是，英语教学目标一定是要为交际服务的，着重关注解决英语学习中"学用分离"的问题。

2. 促成环节

第一步需要教师描述产出任务，让学生对本堂课的学习目标和任务目标有清晰的认知，教师需要告诉学生本节课的学习目标。

第二步是学生进行选择性学习，自主选择产出任务所需要的输入材料，教师起到支架作用，在学生完成任务的过程中进行指点，鼓励学生进行富有个性的自我表达。这一步是学生将语言形式、意义和使用结合起来至为关键的一步，整个过程教师都要即时对学生的产出结果和使用的准确性进行检查，掌握学生的学习效果。

第三步是产出练习与检查，教师要注意产出任务的循序渐进以及检查的及时性，充分了解学生是否具备完成产出任务的能力，能否充分理解英语规则、准确应用英语。

在促成环节，教师尤其要注意学习中心原则，学习前期，教师起到支架作用，不对学生的学习进行过度干涉，但是也不能完全不指导。如果后期水平较高的学生能够掌握相应的学习方法，教师就可以将脚手架的角色交给他们，并鼓励学生自己寻找或者补充输入性材料，给予学生自主探究学习的空间。

3. 评价环节

评价分为即时评价和延时评价，即时评价是对促成环节中学生的产出任务进行评价，教师对产出作业进行有针对性和差异化的评价与指导。即时评价既能帮助学生了解自己的优势与劣势，也能帮助教师调整教学进度，掌控教学效果。延时评价指教师给学生布置课后作业，学生在课外完成之后交给教师进行评价，主要是为了检验学生一整节课的学习成果，也能帮助教师进行反思，改进下一堂课的教学。同时，延时评价分为复习性产出和迁移性产出，这就要求教师掌握学生的水平，布置分层作业。复习性产出要求学生运用课堂上学到的知识完成课后练习题，迁移性产出要求语言水平高的学生完成高难度的作业。另外，评价环节需注意评价的结果是要实现合作共赢的目的，师生共同学习评价标准，在评价时采用教师评价、自主评价、生生互评等多种评价方式，确保评价的针对性与差异性，让评价者和被评价者共同受益，即让学生从自己同伴的产出任务结果中学会如何学习英语知识，深入理解语言规则，改进自己的学习方式和产出结果。

此外，产出导向法理论指导的高校英语教学需要因教师、教学对象而异，如何选择驱动材料，如何设置产出任务，如何设置分层作业，都基于教师对学生的了解，对教师创新能力、支架作用的要求尤为突出。根据文字阐述，生成以下基于产出导向法理论的高校英语教学模式流程图，如图5-3所示。

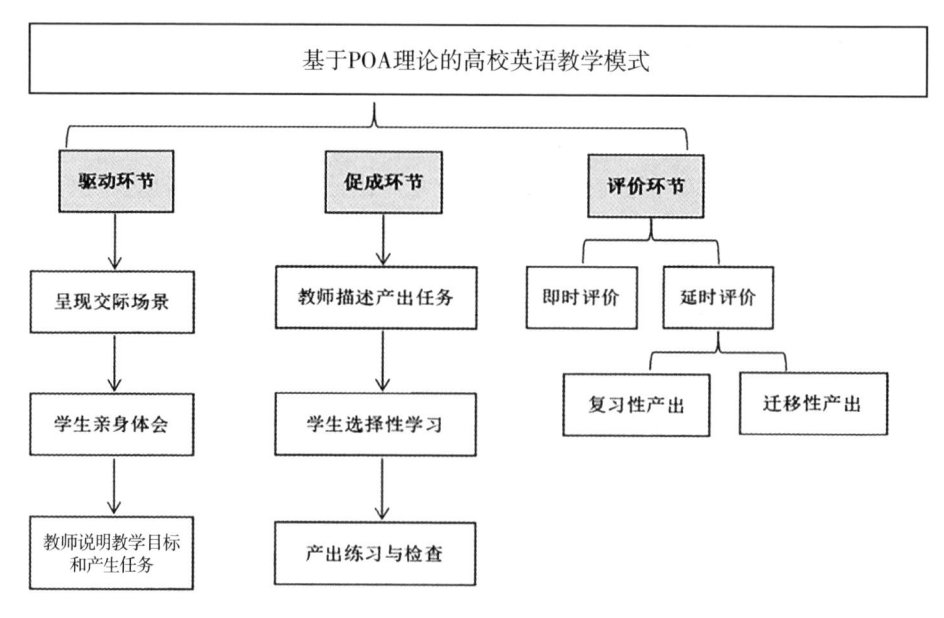

图5-3 基于产出导向法理论的高校英语教学模式

第六章　教学信息化时代高校英语教学模式的改革

在教育信息化时代背景下,高校英语教学需要做到与时俱进,积极进行创新与发展,引入新的教学模式,跟上社会发展的步伐。当前,随着信息技术的飞速发展,随之出现了很多新型的教学模式,如微课教学、慕课教学、翻转课堂教学等,高校英语教师需要对这些新型的教学模式展开学习与掌握,进而充分应用到教学过程中。同时,虚拟现实技术与人工智能技术的引入更加速了高校英语教学的改革。基于此,本章就重点分析教育信息化时代高校英语教学的具体模式。

第一节 微课教学、慕课教学和翻转课堂教学

一、微课教学

（一）微课与微课教学

微课（Microlecture）是指运用信息技术按照认知规律，呈现碎片化学习内容、过程及扩展素材的结构化数字资源。微课具有时间短、内容精练、知识点突出等特点，能够满足学习者随时随地学习的需求，因此在教育领域中得到了广泛应用。同时，微课还可以通过互联网平台进行传播和分享，使得更多的人能够获取优质的教育资源。

（二）高校英语微课教学的设计

高校英语微课教学的设计原则应该以学生为中心，围绕学生的需求和特点进行设计。以下是一些高校英语微课教学设计的原则。

1.明确教学目标

在微课设计之初，要明确高校英语教学的目标，确定高校英语微课教学要解决的问题和重点。只有明确高校英语教学的目标，才能更好地设计微课教学的内容，确保微课教学的效果。

2.精简内容

高校英语微课视频的时间一般较短，只有5~8分钟，因此需要精简内容，突出重点和难点。同时，要避免过于复杂或过于泛泛的内容，以免影响学生的理解和记忆。

3.吸引学生的注意力

高校英语微课教学效果很大程度上取决于学生是否能够集中注意力。因此，在高校英语微课设计中，要采用多种高校英语教学方法和手段，如生动

的语言、丰富的图片、有趣的案例等，以吸引学生的注意力。

4.符合学生的学习习惯

不同的学生有不同的英语学习习惯和方式，因此在高校英语微课设计中要考虑学生的英语学习习惯，尽可能地符合学生的自身学习需求和特点。

5.完整的课程结构

虽然英语微课的时间短，但需要有一个完整的课程结构，包括引入、讲解、演示、总结等环节，这样可以帮助学生更好地理解和掌握知识点。

6.良好的教学节奏

在高校英语微课教学中，教学节奏的把握非常重要。要避免过快或过慢的节奏，以便于学生的理解和吸收。同时，要保持连贯性和逻辑性，使学生能够更好地理解知识点。

7.适合的媒体形式

微课可以采用多种媒体形式，如视频、音频、图片等。在选择媒体形式时，需要考虑高校英语教学目标、教学内容和学生的需求，选择最适合的形式来呈现知识点。

高校英语微课教学设计需要合理设置课程目标和明确教学重难点，这有助于提高高校英语微课教学的质量和效果，帮助学生更好地掌握知识和技能。首先，高校英语微课教学应合理设置课程目标。课程目标是高校英语微课教学的核心和灵魂，它贯穿于整个高校英语微课教学的始终。在高校英语微课教学设计过程中，教师需要根据学生的实际情况和需求，制订出切实可行的高校英语课程目标，并根据课程目标来设计教学内容，以帮助学生更好地掌握知识和技能。其次，高校英语微课教学设计应明确教学重难点。在高校英语微课教学中，由于时间有限，教学内容需要高度精简和突出重点。因此，教师在教学设计时需要明确教学重难点，并在教学中着重讲解和突破这些重难点。这有助于提高微课教学的针对性和实效性，帮助学生更好地理解和掌握知识点。

（三）高校英语微课教学的构建策略

高校英语微课教学的组织与实施过程可分为以下三个阶段。

1. 课前准备

课前准备工作的好坏直接反映教师的内容编制技能,准备阶段的工作主要包括对教学内容的选取、对教学目标的确定、对教学策略的制定、对教学顺序的安排及对教学器材的摆放等内容。选取教学内容一定要有明确的主题,对某一个或少数几个选定的问题集中进行说明,这样才能体现出高校英语教学的目的性、计划性,才能使教学目标发挥引领作用。

2. 课中教学

(1)课程导入。微课时间较短,在有限的时间内尽可能用新颖的方法引出课题,这样才能在短时间内吸引学生的注意力,使其在接下来的时间里集中精力深度学习。这一环节用时较少。

(2)正式进入教学活动。教学活动是主体部分,以解决一个技术问题为主线,教师的讲解要简短精练,留出让学生自主练习的时间,教师在旁边巧妙启发、积极引导。

(3)课堂小结。课堂小结是对教学内容要点的归纳及整个教学的总结。课堂小结贵在"精",要起到画龙点睛的作用,不要作不必要的总结,以免画蛇添足。

3. 课后反思

教学探究和解决问题是课后反思的基本立足点,反思的要点有两个,即教和学,通过反思来检验目标的合理性与达成情况,根据现实问题提出解决方案与改进建议。

二、慕课教学

(一)慕课与慕课教学

慕课是一种在线教育形式,它不仅提供了免费的课程资源,还具有与传统课程类似的作业评估体系和考核方式。慕课是网络教学形式之一,它的发展可以追溯到十几年前的在线教育系统。近年来,慕课得到了快速发展和广泛关注。

与传统课程相比，慕课具有一些独特的优势。首先，慕课打破了时间和空间的限制，让学习者可以随时随地学习。其次，慕课提供了更加灵活的学习方式，学习者可以根据自己的需求和兴趣选择不同的课程和学习内容。此外，慕课还具有更加丰富的教学资源和学习资源，可以帮助学习者更好地了解和掌握知识。

当然，慕课也存在一些挑战和问题。例如，由于学习者分布在世界各地，学习背景和语言文化存在差异，这给教学和交流带来了一定的困难。此外，由于学习者缺乏面对面的交流和互动，可能会导致学习效果不够理想。

总之，慕课是一种非常有价值的在线教育形式，它不仅可以提供免费的优质教育资源，还可以帮助学习者提高自己的技能和能力。随着技术的不断发展和普及，相信慕课在未来会有更加广泛的应用和发展。

（二）高校英语慕课教学的设计

1. 课程长度

在设计高校英语慕课课程时，需要考虑学生的注意力和学习动力。如果在线学习时间过长，可能会导致学习成效下降，学生可能会失去学习兴趣和学习动力。因此，将学习时间分散开来，每次学习时间控制在一定范围内，可以帮助学生更好地掌握知识。这种碎片化的学习方式可能越来越流行，因为现代人的注意力时长越来越短。

2. 教学视频的制作

（1）制作课程描述页

首先，课程名称、简短的课程描述、课程任务量等基本信息应该清晰明了。这些信息可以帮助学生了解课程的基本情况，从而作出更好的决策。

其次，课程简介、授课教师简介、课程大纲等详细信息应该尽可能地丰富，以帮助学生更好地了解课程。

最后，制作课程宣传片也是非常重要的。一个好的宣传片可以吸引更多的学生注册该课程。

通过精心设计的课程描述页面，慕课平台可以更好地吸引学生的注意力，提高课程的注册量，同时也为学生提供更好的学习体验。

（2）创建会话网站

为了创建高质量的线上课程，教师需要了解并掌握一些课程制作的技术，这样才能更好地利用在线平台，充分了解其作用和局限性，以便更有效地设计和准备课程材料。

第一，熟悉会话网站。教师需要了解会话网站的功能和使用方法，包括如何上传课程材料、设置测验和布置作业，以及如何定制和调整会话网站的结构和内容。他们还需要学会使用各种工具和功能来与学生进行交流和评估。

第二，创建课程的章。在创建课程时，教师需要将课程内容划分为不同的章，每个章代表一个概念或主题。他们需要为每个章添加相应的课程材料，如讲座视频、测验等，并设置每个章的上线和下线日期。

此外，教师还需要注意一些其他事项。例如，他们需要确保课程材料的质量和准确性，以便学生能够正确理解和掌握课程内容。同时，教师还需要根据学生的学习特点和需求，合理安排课程内容和进度，并提供适当的指导和支持，以帮助学生更好地学习和发展。

（3）制作课程描述页

在准备好课程材料之后，教师可以按照以下步骤制作课程描述页。

第一，进入课程管理平台。教师需要登录到相应的课程管理平台，如MOOC平台等。

第二，添加课程材料。在课程管理平台上，教师可以添加已经准备好的课程材料，如课程视频、讲座、测验、作业等。

第三，填写课程描述页。在课程管理平台上，教师可以编辑课程的基本信息和详细信息，如课程名称、描述、教学目标、选修知识等，以便学生了解课程的相关信息。

第四，添加简历。教师可以添加自己的简历，包括教育背景、教学经验和相关成就等，以展示自己的专业能力和教学风格。

第五，添加其他教师和教学人员。在课程管理平台上，教师可以邀请其他教师和教学人员参与课程的教学工作。准许他们访问课程页面和相关材料，以便他们能够协助教学和管理。

第六，在会话网站添加课程材料。

通过以上步骤，教师可以制作出高质量的线上课程描述页，以便学生更好地了解课程的相关信息，提高课程的注册量和参与度。同时，教师需要注意更新和维护课程材料和描述页，以确保其准确性和时效性。

（4）准备课程讲座视频的材料

在视频开播之前，教师需要提前准备材料。在开播之后，教师也需要根据实际情况对视频进行调整。这有助于及时调整和改进课程，以满足学生的学习需求和期望。同时，教师还应该合理安排时间来准备和制作课程材料，确保其质量和准确性。通过持续改进和优化课程内容和材料，教师可以提高教学质量，增强学生的学习体验。

（5）课程制作的时间安排

在课程开始前的两个月，教师需要录制、编辑和上传课程材料。具体操作步骤如下。

第一，编写课程材料。教师需要准备相应的课程材料，包括文字、图片、音频和视频等内容。

第二，录制讲座视频。教师需要录制讲座视频，确保视频内容清晰、准确、生动，并且能够有效地传达课程知识。

第三，编辑视频。在录制完讲座视频后，教师需要对视频进行编辑和处理，以确保视频的质量和准确性。

第四，上传视频到慕课平台。将编辑好的视频上传到慕课平台上，以便学生能够观看和学习。

第五，上传相关的课程资源。教师需要上传与课程相关的其他资源，如作业、阅读材料、参考书籍等。

第六，为录制的视频创建嵌入式测验。在每个视频中嵌入测验，以便学生能够自我检测学习进度和掌握程度。

在课程开始前的一个月，教师需要编制课程评价的内容并管理会话网站。

第一，编写由机器自动评分的作业。教师需要准备一些自动评分的作业，以便学生能够进行自我测试和练习。

第二，为课程评价设置评分规则和截止期。教师需要设定评分规则和作业提交的截止日期，以便学生能够了解如何获得课程成绩。

第三，编写并发送欢迎邮件或公告。教师需要发送欢迎邮件或公告给学生，介绍课程的内容、安排和要求。

在课程开始之前的两周，教师需要对课程上线前的所有工作进行最后的检查和收尾工作。

3. 作业与测验

教师在设计高校英语慕课教学时，可以利用在线平台的功能来有效地管理课程和评估学生的学习进度。

在高校英语慕课中嵌入小测验可以帮助学生保持注意力并测试他们的理解程度。这些测验题目通常不会计入学生的学习成绩，因此难度不宜过高。这样可以帮助学生在学习过程中保持积极性和参与度，并了解自己的学习进展。

除了嵌入式测验外，教师还可以提供作业和进行测验。一个完善的慕课平台会提供完整的作业/测验功能，以便教师能够方便地布置作业、设置测验和收集学生的答案。

由于慕课通常具有开放式在线教学的特点，每个班级的学生人数可能非常多，因此教师或助教不可能一一批改每名学生的作业和测验。为了实现有效的评估，最理想的方法是利用计算机自动批改或同伴互评。

计算机自动批改可以利用算法和人工智能技术来快速准确地评估学生的作业和测验答案。这种方法可以减轻教师的负担，并提高评估的效率。

同伴互评是一种学生之间互相评估作业和测验答案的方法。它可以帮助学生互相学习，提高批判性思维和评估能力，同时也可以减轻教师的负担。

在实施同伴互评时，教师需要为学生提供指导和培训，以确保评估的准确性和公正性。此外，教师还需要监控整个评估过程，并对学生的评估结果进行抽查和监督，以确保评估的质量和有效性。

4. 讨论区

教师需要精心设计讨论区，以引导学生进行讨论并促进学习论坛的产生。通过将选修同一门课程的学习者聚集在一个统一的时间段内，方便他们进入课程讨论论坛，提出自己的疑难问题，也可以帮助其他学习者答疑解惑。

当有学习者提出问题时，先让其他学习者一起讨论。通过集思广益，可以促进学习者之间的互相学习和交流。经过讨论后，教师或助教可以提供正确答案，并对重点问题进行总结和解释。

（三）高校英语慕课教学的构建策略

1. 构建多层次的慕课课程

高校英语慕课教学模式冲击着传统的英语教学，尤其是传统的英语教学模式单一的情况。从师资力量上来看，传统的师资力量比较薄弱，教师资源非常有限，导致很多课程的讲授并没有针对性。相比之下，高校英语慕课教学基于学生的兴趣和积极性来设置课程，这使得学生学习英语的动力明显提升，从而不断提升他们深度学习的效率与质量。

2. 采用多种教学方式展开慕课教学

虽然很多学校都要求不断进行高校英语教学改革，在上课方式上也不再是单一的手段，但是在教授方式上还是过多倾向于知识点的讲述，即便是将多媒体手段融入其中，也多是课堂讲授的辅助手段，因此只是将传统的板书形式替代成了现在的多媒体形式。相比之下，高校英语慕课教学模式更为多样化，学生即便不在学校之内，也能够通过网络获取知识。

3. 开展多渠道考核学生的慕课学习情况

在慕课教学模式下，高校英语教学中设置了多渠道的考核手段。仅仅通过传统的笔试考试或者论文写作，很难将学生的实际能力检测出来。在高校英语慕课教学模式下，可以进行个性化的考核，这样的考核可以将学生的积极性激发出来，从而开展下一阶段的学习。

三、翻转课堂教学

（一）翻转课堂与翻转课堂教学

翻转课堂是指重新调整课堂内外的时间，将学习的决定权从教师转移给学生。在这种教学模式下，课堂内的宝贵时间，学生能够更专注于主动的基于项目的学习，共同研究解决问题，从而获得更深层次的理解。翻转课堂教学模式主要包含以下内容。

1. 任务导学

教师根据教学目标，精心设计预习和复习的任务，以引导学生进行课外的自主学习。通过设定明确的目标和路径，教师可以帮助学生更好地理解课程内容，并为课堂上的互动和讨论作准备。

2. 视频助学

教师根据教学大纲的要求，将知识点进行细致划分，然后进行微课的设计和录制。这些视频的时长通常为5~15分钟，涵盖了三种不同的类型。

第一种，新知学习视频，主要用于学生在新课前进行预习。教师通过问题引导的方式，帮助学生了解即将学习的内容，并布置相关的预习任务，为课堂上的深入学习作准备。

第二种，复习视频，主要用于学生在复习课前进行知识点的总结和梳理。通过回顾和总结之前学过的内容，学生可以巩固所学知识，并为课堂上的复习和讨论作准备。

第三种，易错点学习视频，这类视频针对学生在课堂练习或考试中容易出错的难点进行解析。通过分析出错原因和纠正方法，帮助学生自主反思和提升，避免在以后的学习中再次出错。

3. 习题测学

教师定期发布在线习题，用以检测学生通过视频助学的学习效果。这些习题与学生的学习进度同步，以章节为单位，以便于学生进行及时的自我检测。每个章节结束时，再进行一次验收测试，以便于对比学生在不同阶段对知识的掌握程度。通过这种方式，学生可以及时了解自己的学习状况，发现并纠正理解上的偏差，同时也可以加深对知识的理解和记忆。

4. 活动与互动

根据不同的教学内容和学生能力发展的目标，教师可以设计各种不同形式的小组合作学习活动，以满足学生的需求和激发他们的学习兴趣。这些活动形式灵活多变，包括小组讨论、角色扮演、案例分析、团队项目等。通过小组合作学习，学生可以在互动中互相学习、互相帮助，提高团队协作和解决问题的能力。

5. 合作共学

首先，教师可以根据学生的特点和需求进行合理分组，使得不同类型的学生能够相互搭配和互相补充。同时，在小组内进行明确的分工，让每名学生都能够承担一定的任务和责任，这样可以培养学生的责任感和团队合作意识。

其次，教师可以通过制订过程监控策略，及时掌握学生的学习情况和进度。通过及时给予指导和帮助，教师可以帮助学生克服困难，提高学习效果。

最后，教师可以通过组织小组内的交流和讨论活动，鼓励学生相互学习和分享经验，促进小组内的共学互助。同时，教师也可以根据学生的学习情况进行评价和反馈，及时表彰优秀的小组和个人，激励更多的学生积极参与小组合作学习和讨论。

6. 角色翻转

在翻转课堂中，学生通过课前观看教学视频和完成预习任务，自主掌握学习进度和节奏，将知识传授过程从课堂转移到了课前。课堂上则主要完成知识内化，通过小组讨论、互动交流、答疑解惑等方式，深化学生对知识的理解和应用。

这种教学模式使得师生角色发生了显著变化。在翻转课堂中，学生成为学习的主体，积极参与预习、课堂讨论和互动等活动，对自己的学习负责。而教师的角色转变为学生学习的指导者。

此外，翻转课堂重新规划了课堂时间的安排，改变了传统教学模式中以教师讲授为主的策略。在翻转课堂中，课前预习和课堂讨论的时间比例可以根据实际情况灵活调整。课堂上不再是一味地听讲，而是更加注重学生的参与和互动,给予学生更多思考和实践机会。

(二)高校英语翻转课堂教学的设计

高校英语翻转课堂教学的教学步骤具体如下。

1. 课前准备阶段

(1)教师活动

①分析高校英语教学目标。在高校英语翻转课堂中,教学目标的明确非常重要。教师可以根据学生的实际情况和教学目标,结合教学内容和视频内容,制订具体的学习任务和作业,以帮助学生更好地理解和掌握学习内容。同时,教师还可以根据学生的学习情况及时调整教学策略和方法,以提高学生的学习效果。

②制作高校英语教学视频。

第一,确定教学目标。在制作教学视频之前,需要明确每一节课或每个单元的教学目标,以确保视频内容与教学目标相符合。

第二,做好视频录制。录制高校英语教学视频时,需要注意:录制视频时要确保内容简洁明了,重点突出,避免冗长和无关的内容;讲解要生动有趣,讲解时要注意语速适中,语言生动有趣,尽可能地吸引学生的注意力;演示操作时要清晰明了,注意细节,确保学生能够清楚地了解操作流程。

第三,做好视频编辑。在录制好视频后,需要进行剪辑和编辑,以确保视频的质量和效果。教师可以利用视频编辑软件进行剪辑和编辑,包括剪辑掉冗余的部分、加入字幕、调整音量等。

第四,做好视频发布。在完成视频制作后,需要将视频发布到学生可以访问的地方,以便学生观看。教师可以将视频上传到学校网站、班级群等地方,也可以将视频刻录成光盘或U盘发放给学生。

(2)学生活动

①观看教学视频。教师制作教学视频可以帮助学生更方便地进行学习。对于学习速度快的学生,他们可以快速地观看视频;而对于学习进度慢的学生,可以根据自己的实际情况让视频停顿,以便更好地理解和掌握知识。

②做适量练习。学生观看完教学视频后，需要完成教师布置的针对性课堂练习，以便更好地调整教学策略和方法。这些练习可以是针对视频中所学知识的巩固和提高，也可以是引导学生从旧知识向新知识过渡的桥梁。通过完成练习，学生可以加深对视频内容的理解和掌握，同时也可以发现自己的不足之处，及时进行弥补和提高。

2.课中教学活动设计阶段

（1）确定问题，交流解疑

在开始阶段，教师需要针对学生观看的视频和通过网络交流平台反映出来的问题进行解答和引导，这有助于及时解决学生在学习过程中遇到的问题，帮助他们更好地理解和掌握知识。

学生通过观看教学视频，可以自主安排学习时间和地点，根据自己的学习节奏和方式进行学习，这样可以提高学生的学习积极性和自主性。同时，学生在观看视频的过程中，可以随时暂停、重播或做笔记，以便更好地理解和记忆知识。

通过网络交流平台，学生可以与教师和同学进行探讨和交流，这有助于促进他们的思维能力和合作学习能力的发展。学生可以提出自己的疑惑点，与他人进行讨论和交流，这样可以激发他们的学习兴趣和热情，同时也可以帮助他们更好地理解和掌握知识。此外，学生还可以通过交流平台与同学进行合作学习，共同解决问题，提高学习效果。

（2）独立探索，完成作业

独立学习的能力无疑是现代社会中至关重要的一项能力。具备这种能力的学生能够更好地适应不同的学习环境和任务要求，更加主动地掌控自己的学习进程，从而取得更好的学习效果。翻转课堂作为一种现代化的教学模式，其重要特点就是为学生提供了个性化的学习环境。在这样的环境中，学生能够根据自己的学习节奏、风格和兴趣进行学习，从而更好地培养和提升独立学习的能力。

在高校英语翻转课堂中，学生需要独立完成教师布置的作业和科学实验。这可以促使学生进行自主思考、自我管理、自我决策等，从而进一步促进他们自主学习能力的发展。通过这种方式，学生不仅能够获取知识，更重要的是能够掌握如何学习的方法，这是他们终身学习和未来发展的重要基础。

在独立完成作业的过程中，学生需要审视自己理解知识的角度，建构知识的结构，完成知识的进一步学习。这不仅需要学生具备一定的自我认知和知识管理能力，还需要他们能够自主地规划学习路径、安排学习时间、整理学习笔记等。这些都是独立学习能力的核心要素，对于学生的自我发展和成长至关重要。

通过逐渐积累独立学习的经验，学生可以在独立学习中构建自己的知识体系。这是一个从被动学习到主动学习的转变，也是学生逐渐成为自我学习的主人的过程。这样的经验不仅有助于学生在学校的学习，也将对他们的一生成长产生深远影响。

（3）合作交流，深度内化

在高校英语翻转课堂中，学生通常被分成小组进行合作学习，这种小组形式有助于学生之间的交流和互动。通过独立探索阶段的学习，学生可以与同伴分享自己对知识的理解，这种合作学习方式可以实现交往学习，让学生在与他人的对话、交流、讨论等学习活动中开展学习过程。这种合作学习方式有很多益处，具体表现为如下几点。

首先，它可以促进学生的交往能力、合作能力和自我认知的发展。在小组合作中，学生需要学会与他人交流、讨论、协商和解决问题，这可以锻炼他们的沟通能力和合作技巧。同时，通过与他人的互动和交流，学生可以更好地认识自己，了解自己的优点和不足，从而促进自我认知的发展。

其次，这种合作学习方式也可以帮助学生更好地理解和掌握知识。在小组讨论中，学生可以就自己不懂的问题向同伴请教，同时也可以帮助其他同学解决问题。这种互相帮助、互相学习的过程可以加深学生对知识的理解和记忆，提高学习效果。

此外，小组合作还可以培养学生的创新思维和批判性思维。在小组讨论中，学生需要就问题进行深入的思考和分析，提出自己的观点和见解，同时也要对他人的观点进行评判和批判。这种思维过程可以帮助学生发展自己的创新思维和批判性思维，提高解决问题的能力。

（4）成果展示，分享交流

在高校英语翻转课堂教学模式下，学生在经过独立探索和合作交流后，通常会完成个人或小组的成果。这些成果可以以多种形式进行展示和交流，如报告会、展示会、辩论赛或小型比赛等。在这些活动中，学生可以分享自己的学习心得和体会，通过交流彼此的智慧火花得以碰撞，从而促进更深层次的学习和理解。

在交流中，学生可以学习到其他学生或小组的优点和长处，明确自己的优势与不足。这种互相学习和借鉴的过程可以帮助学生更好地认识自己，发现自己的潜能，同时也可以促进他们的自我反思和自我管理能力的发展。

此外，通过展示自己的成果和听取他人的展示，学生可以锻炼自己的表达和沟通能力。他们需要清晰地阐述自己的观点和想法，同时也要学会倾听他人的观点和意见。

（三）高校英语翻转课堂教学的构建策略

1. 设计英语教学过程

美国创新学习研究所（Innovative Learning Institute，ILI）提出了翻转课堂设计流程。ILI认为，翻转课堂的设计过程主要包括如下几个层面。

第一，确定课外学习目标。

第二，选择翻转课堂的具体内容。

第三，选择翻转课堂传递的手段。

第四，准备翻转课堂教学的资源。

第五，确立课内学习目标。

第六，选择翻转课堂评价的手段。

第七，设计具体的翻转课堂教学活动。

第八，辅导学生展开学习。

2. 开发英语教学资源

从广义层面来说，教学资源指的是用于教学的材料以及相关的人力、物力、设施等，能够帮助个体展开深度学习的任何东西。随着科技的进步，信息化教学资源呈现出来，其指的是在信息技术环境下，为了实现教学的目的而出现的各种教学资源，如人力资源、信息资源等。

随着信息化资源的不断丰富和在教学中的不断应用，人们逐渐提出了翻转课堂的教学理念，从上述翻转课堂的过程可知，要想实现翻转课堂，需要具备一些基本的教学资源，如教学视频、阶段训练、学习任务单等。

当然，要想实现高校英语翻转课堂教学，除了需要具备上述一些资源外，还需要考虑借助一些软件工具，这类资源贯穿于翻转课堂教学的全过程。这些软件的作用在于帮助教师设计教学视频，帮助师生展开协作交流，展示学生的深度学习成果等。

第二节 虚拟现实技术在高校英语教学中的应用

一、虚拟现实技术概述

虚拟现实（Virtual Reality），又称为灵境技术，简称VR，是20世纪发展起来的一种崭新的计算机网络技术实用技术，它可以通过数字的形式，虚拟出一个逼真的空间。虚拟现实技术通过计算机技术、电子信息技术、虚拟仿真技术等，为用户提供高沉浸感的内容，被广泛应用在多个领域，随着科学技术的进步，虚拟现实技术也取得了长足的发展，并逐渐成为科技领域的风向标。

在理论上，虚拟现实技术是一种能够创造和体验虚拟世界中的电脑仿真系统，它通过电脑产生的仿真环境，可以为使用者提供沉浸式、多感知、交互性体验的三维动态世界，并可以融入其中进行实体行为的虚拟仿真系统。虚拟现实技术通过数字设备，把生活中各种各样的数据转化成可以被人真切感知到的对象；也可以是通过3D建模技术将脑海中想象的事物呈现出来，因为不是直接可以被看到和触摸到的，而是通过数字技术模拟出来的仿真实的世界，所以被称为虚拟现实。

二、虚拟现实技术在高校英语教学中的具体应用

（一）VR+高校英语任务教学法

1.教学过程设计总体框图

在建构主义学习理论、具身认知理论、情境认知理论，以及ARCS动机理论的指导下，根据大学生英语教学需求，在任务教学法的基础上，结合VR技术，从课前、课中、课后三方面进行教学过程设计，以支撑"VR+任务教学法"应用于高校英语教学的教学实践研究，教学过程设计如图6-1所示。

2.课前准备阶段的设计

（1）任务的分析与设计。在基于"VR+任务教学法"的实训教学过程中，课前准备阶段，教师的主要活动之一是进行任务的设计，如图6-2所示。

任务设计是教师在课前准备阶段的关键性工作。结合ARCS动机模型中的R（Relevance，相关）要素，任务设计要与知识点相关联，并结合学生实际学习情况，确保学生可以完成任务。因此，这个工作要在教学内容分析、学情分析、教学目标分析的基础上进行。

首先要进行教学内容的分析，这可以明确知识点之间的关联性、知识点与实际生活的关联性、知识点的难度等方面，进而选取合适的内容作为本节课的知识要点进行教学。然后进行学情分析，充分了解学生的前置知识与技能基础、学习态度等方面，进而可以明确知识点的讲解的轻重缓急。最后，进行教学目标的分析，提炼出注重学生认知的知识目标、突出学生能力训练的技能目标，更重要的是要有效融合思政元素，提升学生的情感态度价值观，培养德智体美劳全面发展的技能型人才，进一步明确学生在本次教学中的培养方向。

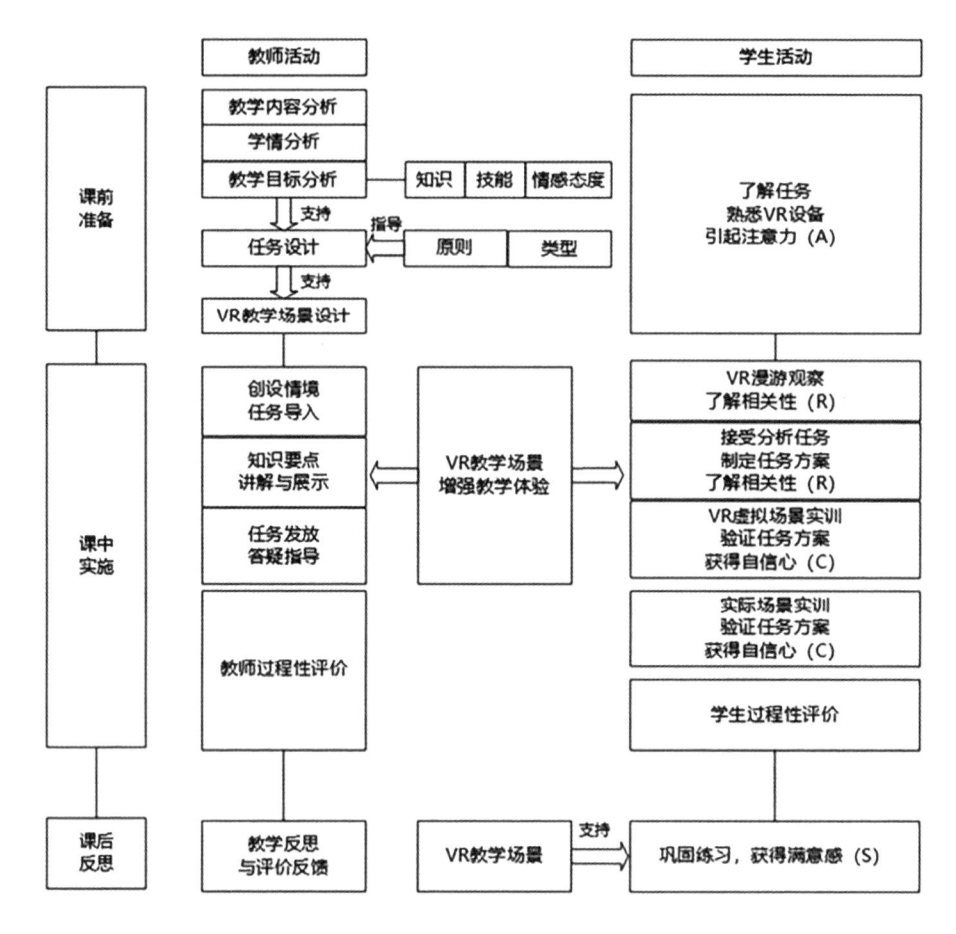

图6-1 基于"VR+任务驱动教学法"的教学过程

有了上述分析的基础，在任务设计的原则与任务设计的类型的指导下进行任务设计，可在一定程度上保证任务设计的质量。

（2）任务设计的原则。应用"VR+任务教学法"的教学过程，是以任务教学法为教学方法，以任务为主线，贯穿教学的整个过程，同时再结合VR技术，增强教学体验。对于"VR+任务教学法"的教学过程，在课前准备阶段，对于教师来说，最关键的一环是任务设计，任务设计要在教学目标分析、教学内容分析、学情分析的基础上进行。

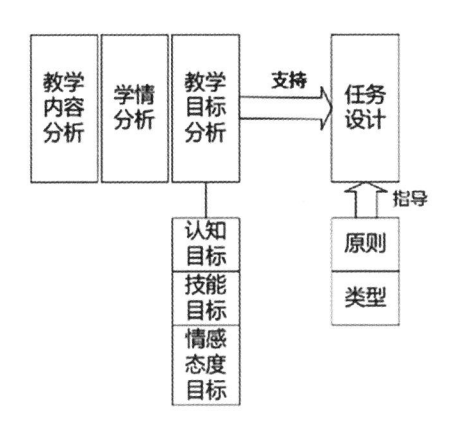

图6-2 课前教师准备

（3）任务的类型。根据高校英语教学现状，大部分学生在教学中往往难以保持注意力，自律性较差。因此，应用"VR+任务教学法"的高校英语教学，在任务的设计类型上应该主要设计为封闭性和半开放性，难度适中，能使学生更好地完成任务，引起学习的兴趣。

（4）VR教学场景设计。教师在设计好任务的同时，要根据任务内容与任务涉及的知识点，进行VR教学场景的设计，这部分内容主要是作为课中阶段教师讲解知识点的媒介与学生进行任务探究的手段。

在VR的沉浸性、交互性与构想性的支持下，通过虚拟3D模型、动画效果、人机交互，模拟任务与知识点涉及的内容，如工作原理、物体结构、现实工作场景等，让学生能够通过进入VR教学场景观察、探索，获得不同于现实场景中的沉浸式体验，有利于激发学生对探究任务的兴趣，起到增强教学效果的作用。同时，通过对VR教学场景的再设计，使其保持与现实的同步更新，可有效降低教学设施的更新成本，解决教学成本高的问题。设计VR教学场景，教师可针对自身情况，利用VR设备结合相应的开发工具进行自主开发，或选用市面上成熟的VR产品，提前进行调试，选择其中适合进行教学的场景。

（5）学生的课前准备。课前准备阶段对于学生来说也是十分重要的，主要目的是提前了解任务与学习内容，为接下来的课程学习打下基础。具体的课前准备包括了解教师本节课即将发放的任务，明确学习的目标及范围。并且，要在教师的指导下熟悉VR设备，为接下来的VR实训打下基础，同时通过VR这种富有新鲜感的信息技术手段，激发学生的兴趣，引起学生的注意力，即促进了ARCS动机模型的A（Attention注意）因素。

3.课中实施环节的分析与设计

（1）教师的教学与评价环节。在基于"VR+任务教学法"的实训教学过程中，课中实施阶段，教师主要进行任务的导入与发放，具体活动如图6-3所示。

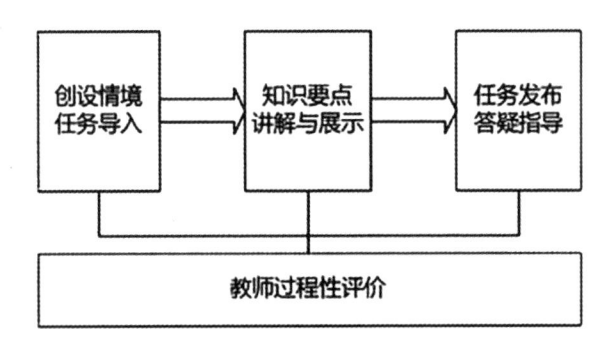

图6-3 课中教师活动

第一，创设情境，任务导入。情境的创设是课中实施的开始阶段，教师在创设情境进行任务导入时，根据ARCS动机模型，教师应重视R因素，要将任务情境与知识点相关联，与实际生活和工作相关联，使得学生可以将理论和实际结合，有效内化知识。

第二，知识要点的讲解与展示。对于知识要点的讲解与展示，根据ARCS动机模型，在此阶段教师应重视R要素，串联知识点，遵循由易到难的原则。除此之外，教师还可以利用课前所准备的VR场景，展示一些抽象立体的知识点，指导学生进入VR场景进行观察，根据建构主义学习理论与具身认知理论，学生在VR虚拟环境中，通过多重感官的刺激所产生的体验，在情绪上促进学生的共鸣，可以帮助学生将自身的认知系统与环境融为一体，并可以促进学生在已有的知识经验上建构起新的知识经验。

第三，任务发布与答疑指导。在任务相关的知识点讲解完毕后，教师即可发布任务，并在学生分析任务时，及时地对学生提出的问题进行答疑解惑，对学生制订的任务方案进行答疑指导，适时指出任务方案的不足之处，确保学生能够朝着正确的方向完成任务。

第四，教师的过程性评价。在上述过程中，教师要注意观察记录学生的各方面，以此作为教师过程性评价的支撑性材料。在基于"VR+任务教学法"的实训教学过程中，教师要注意使用过程性评价。过程性评价是在教学过程中为了解学生的学习情况，及时发现教学中存在的问题而进行的评价。教师可以通过建立课堂观察表等方式进行过程性评价，评价内容包括学生的表现、态度、情感以及取得的成绩等。

（2）学生的任务探究与评价环节。课中实施阶段，学生的主要活动是任务的探究，具体活动如图6-4所示。

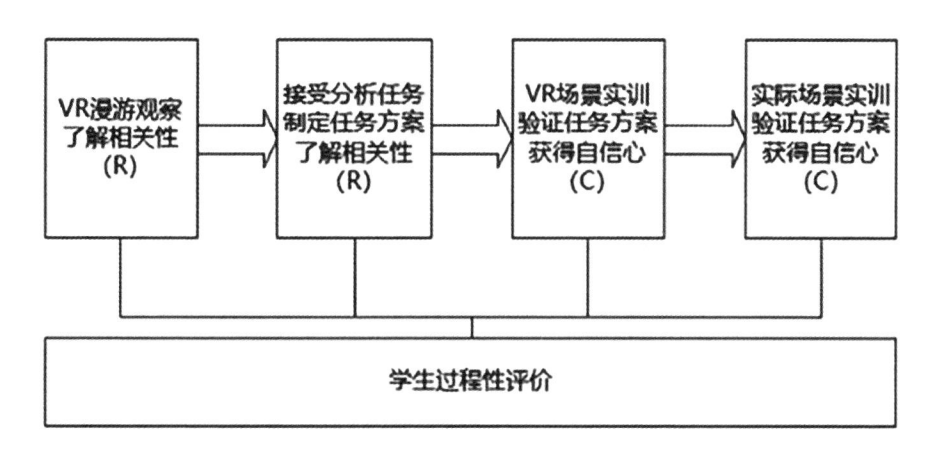

图6-4 课中学生活动

第一，VR漫游观察，了解相关性（R）。在教师进行知识点讲解与展示时，学生可不断地进入教师所设置的VR场景，通过沉浸式观察，建立起对抽象立体知识的理解，有利于学生对任务方案的分析。整个过程中，学生通过感受、观看、活动、思考，既可以将教师的讲解与知识点相联结，也有利于新旧知识经验的联合，以促进ARCS动机模型中的R因素。

第二，在教师进行知识点讲解与展示，分发任务后，学生需要在教师的指导下，以小组合作或个人的形式，分析任务与本节课教师讲解的知识点之间的关联，并联合以往的知识经验，制订任务的解决方案，这个过程促进了

ARCS动机模型中的R因素。

第三，学生通过任务分析制定方案后，首先需要通过VR设备，进入教师设置好的VR场景，进行任务方案的验证。在此过程中，由于VR的沉浸性和交互性，学生可将注意力集中在实训操作上，感受真实情境，验证任务方案。同时，由于VR实训场景具有可以快速初始化的特点，在教师的指导下，学生对任务方案的修改验证的次数得到了增加，增强了学习体验，使学生获得了自信心，即促进了ARCS动机模型中的C（Confidence，自信）因素，加速了学生对知识点的内化。

第四，实际场景实训，验证任务方案，获得自信心（C）。在基于"VR+任务教学法"的实践教学过程中，特别是在高校英语实践教学中，学生对任务方案的验证还要在课中教师的带领下，进入实际场景中进行实践，验证任务方案。由于在VR虚拟实训场景累积了操作经验，学生进行实际场景实训时，错误操作率可大幅减少，使学生获得了自信心，即促进了ARCS动机模型中的C因素，同时避免了教学时间和成本的浪费。

第五，学生过程性评价。在上述过程中，学生还需要在教师的指导下，通过填写任务评价表等方式，进行小组互评和学生自评，以此来不断反思自己在任务完成过程中的不足之处，进行及时的改正。

4. 课后反思环节的分析与设计

（1）教学反思与评价反馈。课后阶段对于教师而言，主要是进行教学反思，通过填写反思记录表等方式，及时记录在任务实践过程中学生出现的问题、本次教学实践中的突发情况等内容，及时进行调整。同时，还要通过任务评价表等方式对学生的学习成果进行及时的评价与反馈，使学生获得满足感，即在此阶段教师应该重视ARCS动机理论中的S（Satisfaction，满意）要素。

（2）学生的课后巩固。在课后阶段，学生主要是对知识进行查漏补缺以及操作技能巩固练习。这一阶段中，学生可利用VR快速便捷地实现任务方案的复现，配合教师及时评价反馈，使学生获得满意感，即促进了ARCS动机模型中的S因素。

（二）VR+高校英语体验式教学法

为了体现体验式教学的特点和优势，结合大学生当前的心理与认知发展特点，在原有体验式教学法基础上进行改进，下面尝试构建VR技术支持下的高校英语体验式教学法（图6-5），该模式以Kolb的体验教学循环模型为基础，在教学环节中使用现代信息技术工具来帮助学生更好地进行体验，从而在教学中促进学生形成反思意识、培养反思技能、形成反思毅力。

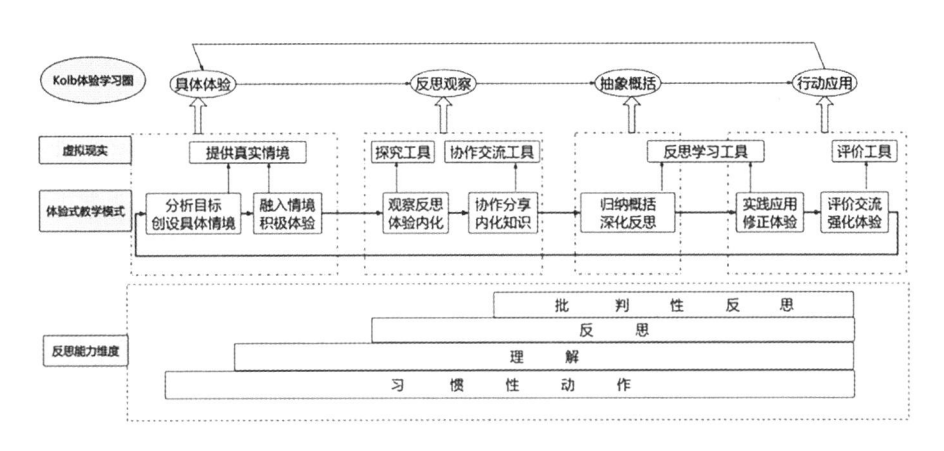

图6-5　VR+高校英语体验式教学法

VR环境下高校英语体验式教学法的开展是以桌面虚拟现实教学平台为依托构建虚拟现实教学环境，该模式包括七个教学阶段："分析目标，创设具体情境""融入情境，积极体验"两个环节与具体体验环节相对应，主要培养学生的反思意识；"观察反思，体验内化""协作分享，内化知识"两个环节与反思观察环节相对应；"归纳概括，深化反思"与抽象概括对应；"实践应用，修正体验"与行动应用相对应，然后转向最后一个环节"评价交流，强化体验"，在这一环节结束后，体验教学并没有结束，而是以循环的形式回到第一个环节，以此循环往复，整个体验式教学的过程培养学生的反思毅力。在整个教学的过程中，需要学生充分调动自身认知、情感以及行为，在教学环节中以提高学生的学习体验感以及学习成绩为主要目的，并贯穿对学生反思能力所包含三个维度的培养。

1. VR环境下体验式教学模式各要素分析

（1）分析目标，创设具体情境。在这个步骤中，教师可以使用各种各样的导入方式，为学生们创造出具有特定体验的真实情境，在VR环境下的高校英语体验式教学中，创设特定情境的目的就是要让学生们更快更真实地进入学习情境当中，积极地参与各种英语学习活动，并集中精力去解答各种问题，教师要利用多媒体来创造特定的情境，以此来调动学生们的学习积极性，让他们进入一个特定的学习情境当中。

创造特定情境的常用方法有：①录像创设法，也叫视频创造法。教师利用现代信息技术中的视频手段，对学生的感觉进行充分的激发，从而引起他们的兴趣，让他们在很短的时间里对大量的知识有更多的了解，从而将他们的非智力因素调动起来。②提出问题的创设方法。问题创设法指的是教师对学生进行提问，并对其进行有针对性的指导，这种方式有利于增强师生间的情感交流，并以问题的解决为主要线索，学生能够将一个或者几个较大的问题拆解成易于求解的小问题，再一个一个地加以解答，最后达到学习目的。[1]

（2）融入情境，积极体验。在这一环节的高校英语体验式教学中，教师要充分利用现代信息技术中的虚拟现实技术，为学生创设与真实生活相关的学习情境，提供可以进行亲身体验的虚拟现实教学平台，让学生在此情境下完成教师布置的操作任务，并在此基础上，进行扩展式的体验。这一步是让学生感知并建立起与真实情境之间联系的一个过程，同时，在这个过程中，教师要做好情境的建构和教学的组织，让师生一起选择合适的内容，进行体验观察，因为课堂教学的特殊性，除了可以系统地学习到理论知识，还可以进行很多的实践练习。在这个过程中，教师要与学生一起参与到实践活动的开展中，让学生的感官体验得到最大程度的发挥。

在上述两个教学过程中，虚拟现实所起的作用主要集中于为体验教学提供真实情境，学生可以使用虚拟现实技术连接现实世界，更加清楚直观地建立与现实世界的联系。

---

[1] 程素芳. 在情境教学中充分利用"问题导入法"[J]. 中国教育学刊，2017（01）：106.

（3）观察反思、体验内化。在进行了具体体验后，学生根据刚刚体验的过程和结果，对教师提出的问题或自己在体验的过程中出现的问题，反复地、不断地问自己为什么会出现这样的现象？这是怎么回事？在此过程中，教师要从整体上引导学生对体验的过程与效果进行全面、深入的思考，使学生的体验不断内化。此外，教师还要做好三个方面的工作：给学生留出足够的思考时间；在观察与反思过程中，教师为学生创造了一个较好的学习环境；教师应该让学生的积极性得到最大限度的调动，并且要尊重他们对自己观察和思考的成果。在这一教学过程中，虚拟现实主要是为体验教学过程提供探究的工具，学生在学习完教学内容之后，需要对所学的内容以及教师提出的探究问题进行探究，这时，虚拟现实技术就承担着探究工具的角色，为学生开展探究活动提供支撑。

（4）协作分享、内化知识。协作分享环节旨在消除学生体验后的主观性对自身学习效果的不利影响，以最大程度地实现体验式教学模式的应用。在这个阶段，教师们依然扮演着一个组织者的角色，将学生们组织起来，共同分享；学生要对VR环境中体验学习的成果进行整理，以小组为单位进行汇报，并与其他小组进行交流，在交流中不断深化反思。在该阶段，教师要做好三个工作：一是积极地鼓励，学生在刚刚开始这一教学环节的时候，肯定会有许多畏难情绪，不敢与他人进行沟通，这个时候，教师就需要对学生进行更多的鼓励，让学生敢于分享；二是肯定，在这个环节中，学生们所分享的都是他们自己的观察和思考成果，教师要保护他们的创造力和举一反三的能力，因为他们所看到的成果，并没有什么区别，不管这些成果与这一节课的内容有多大，教师都应该对他们所观察到的成果表示肯定；三是要及时更正，教师要确保学生所分享的东西都是正确的，如果学生所说的东西有不对的地方，教师要及时更正和强调，确保学生在正确的理解上不会有任何问题。

在这一教学过程中，虚拟现实技术作为帮助学生在体验式教学中进行协作交流分享的工具而存在，学生合作探究、解决问题以及互相交流都不能是空泛地进行，需要有一定的支撑，这使虚拟现实技术的应用能够为学生协作交流提供基础性材料。

（5）归纳概括、深化反思。归纳概括环节的目标是在教师帮助学生完成了特定问题的解决后,要引导学生从目前的学习情境中,对之前教学环节中所获得的理论知识、操作技能以及情感收获展开总结与反思,从而加强自己的认识,在一定的学习情境中,学生对当前学习内容中所包含的知识点有了初步的认识,他们需要在后续的教学中,对自己的体验和感悟进行反思,而教师则要为学生创造一种氛围,在教师的鼓励下,学生可以展开自主探究活动或合作交流活动,从而形成一个积极的课堂环境。教师要鼓励学生在反思后,将自己的学习成果和课堂经验与他人共享,并指导同学们在课堂上对所学内容进行思考和总结。在此过程中,教师应把握好以下两点:第一,教师要对学生的自我反思过程进行关注,学生在具体体验之后,对学习内容的理解是碎片化的,还未形成体系,不利于解决实际问题,这就要求教师在引导学生脱离学习情境以及问题解决之后,要及时地对自己的学习过程进行回顾,并对问题解决时的思路和途径进行积极的思考,将碎片化的知识串联起来,最终形成一个知识体系;第二,在此过程中,教师要指导学生对知识进行归纳和总结,不仅培养学生的抽象概括能力,还加强学生对教学内容的学习和理解。

(6)实践应用,修正体验。在学生通过前面的几个阶段获得了知识之后,教师要鼓励他们持续地利用虚拟现实技术,把所学到的知识运用到其他的情境中来对体验到的知识的正确性进行测试。在教师的指导下,学生会把所学到的知识用到实际生活中的其他情境中去进行验证,如果成功,就会进入下一轮的学习,如果不成功,就会再次找到问题,然后对所学的知识进行测试。在此阶段,教师可以采取小组协作的方式,并结合实际进行经验性延伸学习。除此之外,在这一环节中还需要关注两个方面:一是情境要尽可能地贴近现实生活,让同学们在现实世界中得到印证;二是能帮助学生提升模拟环境,从而更好地推动他们的人格发展。积极的实验是把自己所学到的知识重新运用到实践中去的一个过程,这就要求教师要持续地为学生提供更多的学习机会,从而激发他们的学习热情,让他们更加专注于体验式教学。

在上述两个体验式教学过程中,虚拟现实技术主要作为帮助学生进行反思的工具,学生开展归纳概括和实践应用并修正自己体验的过程,是学生在体验式教学中培养反思能力的基本步骤,此时,虚拟现实技术为学生对体验环节所获得知识的修正提供技术支持。

（7）评价交流，强化体验。在一个特定的新情境中，通过对所得到的知识进行再一次应用和体验之后，学生们必须得到及时的反馈和评价信息，这样才能将所得到的知识迁移到新的应用情境中，并将其迁移到日常生活中，教师有针对性地组织学生进行交流和互评，并对其进行指导。在脱离了先前的学习情境后，教师要注意控制好课堂纪律，及时稳定学生的情绪，使其从上一学习情境向下一具体的学习情境转变，让学生在特定的学习情境中，根据自己的想法和感受进行反思并作出相关的评价，与学习小组中的其他同学进行交流和评价，既可以取长补短，提高学生间的合作能力，又可以将抽象的情感体验具象化为语言的描述，便于后续的实践应用。在这一教学环节中，教师要注意两点：一是要采取多元评价，在此过程中，教师不应该仅仅关注学生知识的获得，更要关注学生的某个或某几个方面能力的提升；二是积极地进行师生和生生之间的相互评价，以提高学生的能力为目标，将过程性评价和总结性评价相结合。此外，在教学过程中，教师应确保学生学习质量评价反馈的公正性、及时性、准确性。

在上述高校英语体验式教学过程中，VR教学平台能够帮助教师更好地记录学生学习的数据。虚拟现实技术作为评价工具，为开展高校英语体验式教学提供师生评价和学生互评的依据，还可以为学生了解自身是否掌握所学知识提供依据。因为体验学习是一个螺旋式上升的过程，是一个连续的循环，所以在实践应用之后，高校英语体验式教学并没有就此结束，它会进入到新一轮的学习循环之中。与此同时，体验式教学并不需要从第一个环节的具体体验入手，因为其注重体验、灵活性强的特性，高校英语体验式教学可以从四个环节的任意一个环节进入学习循环。

2.VR环境下体验式教学模式特征分析

（1）亲历性、参与性。VR环境下的高校英语体验式教学模式，强调以教师为主导，以学生为主体，强调在教师的组织下，进行基于亲身经历的学习，所以它的一个重要特点就是具有亲历性和参与性。该模式强调学习的过程，学生始终是学习的主体，而且在亲历性和参与性的特点下，突出了实践亲历和心理参与两个层次：前者是指学生通过实际行动，亲身经历了一次活动，如角色扮演、体验感悟探究、活动实践等；后者指的是学生的主体在内心深处，对某一特定的活动进行真实的感知，它包含了对自己的检讨和思考，也包含了对他人的体悟，这种教学模式关注的不是学生在活动中究竟得到了多少知识，而是要让学生在自己的亲身体验后，从行动上和感情上提倡他们积极地参加，让他们在自己的亲身体验中，充分感受、理解、领悟所蕴含的东西，并进行知识的构建，是一种十分有意义的教学方法。这种教学模式，以学生亲自参与实践为手段，激发学生对学习的欲望，从而让学生在学习的过程中，获得全面发展，从而达到教育活动科学化的现代教育的要求。

（2）情境性、生动性。VR环境下的高校英语体验式教学模式具有高度情境性和生动性，在学生体验方式不良的现实状况下，VR技术应用于体验式教学的模式应运而生，目的就是为学生建立起现实世界以及学习情境之间的桥梁，将空洞、抽象、难以理解的知识生动、形象地展示给学生，使学生在学习中进行想象、联想和推理，对教学中的每一个关键问题进行探究，逐渐养成抽象概括、理性判断和思考的学习习惯和能力。

（3）引导性、趣味性。VR环境下高校英语体验式教学模式强调在学生体验过后，教师要引导学生积极体验，并在学生体验过后，帮助学生逐步整理体验所获得的知识，使得知识在头脑中程序化，进而内化为自己所具有的能力。该模式的每一个步骤，都需要教师进行引导，并且在设计高校英语教学过程时充分考虑学生的学习需要，设计出活泼生动、有趣的教学活动，而学生就在这种教师精心策划的教学活动下进行体验、学习并获得知识。

（4）差异性、互动性。VR环境下的高校英语体验式教学模式并不是一种只能适合某种类型或某名学生的教学模式。每名学生的兴趣爱好都是多种多样的，每一名学生对待同一事物的态度是不相同的，对于每一件事情的思维方法也是不相同的，所以在体验的过程中，所引起的体会和领悟就会有很大的差别。最后，每一名学生都会产生不同的认识和情绪，这就是该教学模式所表现出来的差别，正是因为有了这种差别，才可以让教师和学生在这种教学模式下更好地进行互动。这种教学模式的主旨和要义就是要在教学的过程中，教师创造出一种与学生特点、知识内容、实际世界有密切关系的教学情境，让学生可以在实践中去体验，在这种体验中，他们的个性得到了长足的发展，所以这种教学模式又把这种互动性特点展示得淋漓尽致。教师要充分认识到在这种教学模式中学生所处的位置，要充分尊重他们的体验知识以及他们的个性差异，要善于发掘他们的优点，引导他们在彼此之间的交流与评价中，取得更大的进步。

（5）反思性、长期性。VR环境下高校英语体验式教学模式的中心环节是"观察反思，体验内化""协作分享，内化知识""归纳概括，深化反思"，同时体验式教学强调在学习的整个过程中，学生主体不断地对亲身体验所获得的知识进行反思回顾，反思是体验式教学的基本环节，也是最核心的，因而该教学模式具备反思性的特征。又因高校英语体验式教学获得的主要是程序性知识，不是一个在短期内就能够得到大量知识的教学模式，并且体验式教学并不是一蹴而就的，而是需要不断地循环往复来验证知识的正确性，在进行高校英语体验式教学的设计时，要对教学进度进行全面的考虑，避免因该教学模式所具有的长期性特征而延误整体教学进度。

第三节　人工智能技术在高校英语教学中的应用

一、人工智能概述

在日常生活中，对于像自动驾驶的汽车、机器翻译，或者能够自己满地跑的扫地机器人，这一类不用人工参与就可以执行操作的产品，我们会很容易把他们认为是人工智能，而我们经常用的手机小程序或者PC机这一类，我们则会认为这些不太能够算得上是人工智能。到底什么是人工智能呢？它有没有一个容易界定的科学定义呢？从某个角度来看，人工智能就是机器能够完成人们不认为机器能胜任的事情。那么，什么又是不能胜任的事情呢？显然，不能胜任的事情是随着时代的变化不停发展的。这在一定程度上也反映出，在当前的时代背景下，大多数普通人对人工智能的认识程度。比如，在新闻中看到机器可以下围棋，这让我们很惊讶，因为在我们的认知中，机器一直在围棋上是没有任何建树的，但是，它现在居然可以下围棋，而且还能打败世界冠军。这就是机器完成了人们不认为它可以完成的事情，显然，这无疑就是人工智能了。其实，人工智能的定义是在不停动态变化的。1997年，国际象棋的程序战胜了世界冠军，当时人们认为国际象棋的程序显然就是人工智能。随着时间的流逝，大家就会逐渐忘记这件事情，在了解了背后国际象棋程序的运作规律之后，发现它只是在一个很大的搜索树上进行搜索，穷举所有的下棋步骤，而且需要加载很多大师的棋谱，人们就慢慢倾向于这个国际象棋程序只不过是在搜索，那它可能就不是人工智能。到AlphaGo打败了世界围棋顶尖高手，人们就开始认为能够下围棋的显然是人工智能，所以，从公众关注的视角来看，人工智能是一个变化着的概念。

除了下棋之外，人工智能还有其他的应用领域，如光学字符识别OCR计算机程序，可以从图片中把文字提取出来，大家觉得它能够从图片中识别字，那它就是人工智能。随着图片识别技术的发展，用户看到它只是做了图像增强边缘的提取匹配，在大家对图片内容识别习以为常之后，就认为这不是人工智能。现在，计算机程序对图像识别又改进了一大步，不仅可以识别出照片里毛茸茸的动物是狗、是猫，或是小鸟，还可以识别出一顿大餐照片中的食物内容。这时候大家又会觉得很惊讶，认为这是个新的智能。即使是在科学家的视角里，人工智能的定义也是在不停变化的，早期的时候，科学家们认为所谓的人工智能，应该和人类的思考方式相似。什么是与人的思考方式相似呢？最直接的概念就是让人工智能程序遵循逻辑学的基本规律，可以进行逻辑的推理、运算与归纳，甚至从一系列的规则中，推导出我们现在还不知道的事实。这就是科学领域中人工智能的定义，它强调的是思考方式，所以我们把人类最高的智慧，即数学和逻辑应用在这个定义上。可能我们会发现某方面的数学和逻辑是有局限性的，并不是所有的事情都能够描绘得很准确，所以很多复杂的事情数学及逻辑都还描述不了。

我们可以再退后思考，暂且不管它具体的思考方式是什么样的，所以后来我们逐渐流行的定义是：人工智能是和人类行为相似的机器程序。所谓的行为，是指它表现出来是一样的结果，即用相同的内容输入给人和机器，如果人和机器做出来的响应是相似的，或者是一样的，那么，我们就认为这个计算机程序它具有智能。放在人工智能上，就是不管人工智能的内容到底是什么，只要它表现出和人类一样或相似的行为，我们就认为它是人工智能。从实用主义出发，无论计算机如何去实现这个方式，只要它在特定的环境下，能够表现得和人类相似，我们就说机器程序在这件事情上具有人工智能。前面提到的图像识别、图像的分类，或者对某个事情作决策、进行分析推导等，这些都是从实用主义的角度出发。长远来看，从发展的角度，很多人工智能的程序，并不是一出现就马上具有跟人相似的概念，就像人从婴儿开始什么都不懂，到了成人，再到成为某个特定领域的专家，都会经历一个成长的过程，如果按照这样去定义，人工智能应该是一个会学习的计算机程序。所以，在最近的这一波人工智能热潮中，人工智能在人们的眼里就是一个会不断自我学习的程序，如果人工智能不能进行自我学习的话，就不能称作是人工智能。进行深入学习是人工智能的核心指导思想，这也符合人类自身认知的特征。也就是每个人都要不断地学习，才能够更加智慧，以处理世界上更多的事情。把历史上对人工智能的所有定义综合起来看，可以概括出一个不算是特别精确的定义：人工智能是根据对于物理世界环境的感知，作出合理的行动，尽量争取获得最大收益的计算机程序。

二、人工智能技术在高校英语教学中的具体应用

（一）机器翻译的应用

1. 机器翻译和人工翻译的关系

随着科学技术的发展，机器翻译取得了显著的进步。在面对加急处理的文件以及原文中庞杂的信息时，人工翻译工作者很难做到在短时间内高质量地产出译文，此时机器翻译速度快、成本低等优势就能够体现出来了。另外，当原文涉及医疗、金融、科技等具有专业性的知识时，对译者各方面的知识储备要求很高，而译者的语言能力是有限的，因此翻译起来会比较吃力，而机器翻译基于庞大的语料库，能够快速且准确地对专业词汇作出翻译。

然而，机器翻译也仍然存在很多局限性。按照严复先生提出的"信达雅"翻译要求和原则来看，目前机器翻译的水平基本上只能达到"信"，而在"达"和"雅"层面显然不能与人工翻译相提并论，这也是机器翻译发展的瓶颈。

而人工翻译能够在理解的基础上进行翻译，会考虑到不同语言在习惯表达上的差异，能更准确地翻译双关语、隐喻、口号等，译后还需要进行检查、修改，以确保译文达到最高的准确率。充分认识机器翻译和人工翻译各自的优劣有助于我们更好地利用机器翻译。在翻译过程中，译者可以充分利用机器翻译的提示功能，借鉴和参考机器翻译的词汇、术语、句式或在机器翻译的基础上进行审查、修正、润色。机器翻译出现明显错误的地方，译者更需谨慎处理、反复推敲，从而作出准确清楚的表述。基于机器翻译提供的大数据信息，译者可以进行分析对比，呈现出更好的译文。这也就是我们所熟知的译后编辑。在译后编辑的过程中，译者可以利用机器翻译的回译核查功能，使用机器翻译对译文进行回译，对译文进行核查。而人工修改后的译文，可以重新交给机器进行学习，充实语料库，进一步提高翻译质量。

不可否认，机器翻译正在不断地进步和发展，它的便捷性、高速度和低成本不可忽视。机器翻译的发展确实给翻译行业带来了一定的冲击，很多人在对机器翻译相关知识一知半解的情况下就对"机器翻译将取代人工翻译"的言论过于焦虑。作为语言学习者，应正确认识机器翻译，人机协同作业将成为行业的新趋势。虽然机器翻译存在很多局限性，缺少人类的内心情感与对语言的理解能力，翻译结果的可信度仍有待提高，但它能够从多个方面给译者提供一些有价值的参考，发挥提示、回译核查作用，进一步促进人工翻译的效率和质量，而人工翻译也为机器翻译提供了越来越多的语料，以促进机器翻译的进一步发展。

2.机器翻译平台在高校英语教学中的应用

为更好地实施基于机器翻译平台的翻译教学和译后编辑能力培养，平台可在以下几个方面进行改进。

首先，翻译材料需要仔细筛选，搭建机器翻译素材库。开展基于机器翻译的译后编辑自主学习，需要在教学前积累和搜寻大量相关资料。对于机器翻译教学来说，形成一个充足的、科学的语料素材库意义十分重大，这需要教师的共同努力。同时，学生们也表示希望平台增加具有一定规模的、可供其自主学习的翻译题库，在素材库充足的情况下学生可以根据自己的水平选取适合的语料来训练。最后，由平台通过高频错误数据分析，针对学生翻译练习中出现的高频错误推送更多相应的素材练习，提高自主学习效率。

其次，可优化平台作业反馈方式和数据显示，建设评论区和优秀作业展示区。教师需要针对性地给予每位学生作业批阅和个性化评价。不同的学生学习水平和学习特点具有差异性，教师在进行作业批改时给予个性化的标签和辅导尤为重要，因此可搭建属于每位学生的个性标签库，使批阅反馈更具个性化，提高学生的兴趣和积极性。在反馈多样化方面，除了传统作业打分，教师可建立自己的个性化点评库，特别是通过正面评价标签的使用激发学生学习的积极情绪，提高学生的学习兴趣。平台可优化界面，保证学生提交译文后能立即看到参考译文。同时，在看到教师反馈之后可以进行修正，再次提交修改后的译文。建设在线交流论坛区方便师生互动，可在论坛区公布每次作业的班级平均分和最高分，有助于学生更好地解读自己的分数，同时放上班级优秀学生的作业，以形成良好的学习氛围，激励学生认真翻译学习，争取下次做得更好。

最后，可将机器翻译平台的自主学习与教师面授总结相结合，开展混合式教学。在进行基于计算机辅助翻译的译后编辑自主学习能力培养时，应避免机器翻译平台在自主翻译学习中喧宾夺主。值得注意的是，计算机辅助翻译平台的自主学习成效较好，但是对于班级后进生，仍需要教师当面进行知识点的讲解才可以取得更好的效果。因此，在条件允许的情况下，教师可面授讲解高频错误点和重要的知识点，通过此混合式教学方法可以更加及时高效地避免机器翻译的负迁移作用，也让学生进一步加强知识点的巩固和吸收。

与此同时，教师定期给学生以教学目标和学习计划的指引可以更好地激发学生的自学能力。教师也需要鼓励学生定期复习和进行笔记整理。在学习过程中适当地引导学生进行周总结和月度总结，对于个人常见的错误标签进行整理和归纳学习，及时调整学习状态和自学策略。

（二）聊天机器人的应用

1. 聊天机器人

现今我们的日常生活已经越来越离不开智能语音服务了，无论是微信语音信息、智能手机语音助手，还是以"小度小度"为代表的智能音箱，这样的聊天机器人的对话能力，是基于对网络上海量的公开数据的挖掘而来的。不同于早期的专家系统的训练，即教人工智能说话，今天的聊天机器人依赖于人工神经网络技术，人机对话的算法是在网络数据中摸索而产生的，从而在面对各种奇谈怪论时，提供人性化的应对措施。

对此，让我们来看一下智能语音行业的领军人物"小微"是如何起航的。"小微"是由微信AI团队提供的智能服务系统，也是一个智能服务开放平台。"小微"的硬件在听觉与视觉方面都能发挥感知的能力，帮助智能硬件制造商实现语音人机交互和音视频交互服务。在使用"小微"时，仅需说一声"小微"就可以实现播放音乐和视频、听有声新闻、查询天气情况、学习外语、展开聊天、设置事件提醒、设定时间闹钟等功能。"小微"可以与调节灯光、空调、电视的各类智能设备进行联动，还能通过图像识别技术认识很多东西，这看起来很酷。

正如目前微信自然语言处理和语音识别功能研究团队所强调的，本着让世界更开放连通的宗旨，语言服务是社交软件的必经之路。

"小微"的AI语言能力还体现在以下四个方面。

第一，语音识别，通过心理学与语言学的同时运用，通过设计开发神经网络，在内置芯片的性能保障之下，把文字智能地转化为自然语言流，属于人机对话的一部分，实现让机器说话的功能。

第二，情绪识别，通过特定的算法，分析用户语言指令的情绪情况，同时语言的情绪识别可通过可视化的表情反馈在有屏设备上。

第三，实时翻译，支持中英两种语言的实时翻译功能，可以进行语音播报。

第四，人机对话，在提供了足够多的对话数据后，小微能够帮助用户提供基于该数据的机器自动对话能力，应用于个体对话智能、客户服务智能、聊天协助插件等的开发与制造。

正如微信团队所坚持的,对话是天然的交互方式,而机器人正是对话交流的载体。与此同时,机器人也要是一个实体,要有感情,要有个性,要为使用者提供服务,在此领域,微信平台凭借其始终在线、用户画像丰富、大数据分析和完善的服务闭环等优势,在连接人和服务,人与人之间的交流方面发挥着重要作用。同时,对千万服务号提供自动、实时、智能服务微信的机器人的研究也已体现了这个观念。希望有朝一日,它可以解决用户生活中出现的一些问题,成为用户的知心朋友。

2. 聊天机器人在高校英语教学中的运用

(1) 使用聊天机器人开展英语语言训练的优势

在互联网上,组织学生使用机器人开展英语语言训练的第一个优势是使用方便,成本较低。任何人,只要有上网条件,打开网络浏览器,输入ChatGPT,就可以找到聊天机器人免费聊天。在它面前,练习者用不着紧张害羞,不用担心说错话,也不用为过多占用了别人的宝贵时间而感到内疚。谈话的内容由练习者自己决定,谈话的节奏也服从练习者的需要。它可以不厌其烦地回答各种各样问题,甚至是重复性问题。交流过程中,它不会因练习者的表达速度慢而流露不满,也不会因练习者表达不清而不耐烦。它总会千方百计地猜测练习者的本意,给出不同凡响的精彩回答。聊天机器人的回答和表现可以极大地调动学习者的兴趣,增强练习者使用英语进行交流的信心。例如,英语学习过程中会碰到一些俚语或禁忌语,这些语言是英语语言不可或缺的一部分,学生必须能够理解。但是,在正常时候这些语言是没有练习机会的(即使有说英语母语的人在场也不行)。如果去跟聊天机器人交流,就不会出现令人尴尬的局面。

(2) 将聊天机器人应用于高校英语教学中的尝试

聊天机器人为高校英语语言训练提供了一种新的思路。为了验证其成效,结合课堂教学内容和新视野高校英语网络教学平台,笔者引导自己的学生在网络上进行了尝试。首先,给学生讲解聊天机器人使用方法,保证每一名学生都能够在网络上找到她,并能够与她用英语进行交流。其次,结合高校英语课堂所学内容为学生制订出"大学生活"这一谈话主题。在复习总结课本上的内容后,引导学生利用"头脑风暴"的方法,最大限度地收集与大学生活密切相关的词汇和句型,为网络聊天准备比较充实的词汇基础。之后提出明确的聊天要求，即一周之内由学生自由进行网上聊天（文本形式），必须保证自己能够表达200句以上，并且语句重复率要低于10%。[①]再次，学生上网后，根据题目要求，自由交谈。网上交谈的时间不作要求，但必须完成规定的语言交流量，并且要把聊天记录保存在以自己的学号命名的Word文档中，之后用附件的形式在规定的时间里发送到教师的邮箱中。然后，学生要对自己交流过程中使用的语言，包括单词拼写、语法结构、句型等进行自查分析，也可以请其他同学帮助检查。找出从聊天机器人那里学到的新词和句子表达，对自己的网上交流表现作出评价。教师对学生的交流记录进行抽查。对3名学生的聊天记录在课堂上进行了点评，尤其强调了交流过程中学生表达方面精彩的词汇和句型，同时也希望学生将各自认为比较好的词、句公布在班级交流板上进行交流。

---

① 余伟康. 个性化、自主式学习环境的创建[J]. 外语电化教学，2006（01）：71-74.

第七章　教育信息化时代高校英语教学评价的改革

教学评价作为高校英语教学的一部分，需要不断改进评价手段，以适应社会发展的需求。当前，高校英语教学存在的突出问题之一就是教学评价手段不完善，因此高校英语教学应该完善教学评价体系，使教学评价更为多元化。本章主要分析教育信息化时代高校英语教学评价体系的构建。

第一节 高校英语教学评价简述

一、高校英语教学评价的内涵

教学评价是对收集的教学活动和效果资料，按照既定的客观标准进行衡量和判定，这个过程具有客观性和系统性，本质是判断教学活动和效果的价值。为了得到准确的教学评价结果，作为评价者的教师必须严格按照客观标准的要求完成对教学活动相关资料的收集和测量。

测量是评价者将学生的学习效果进行数量转化，只是利用数学方法对学生学习行为和教师教学活动进行客观描述，而不确定价值。例如，学生的考试成绩为78分，这个分数只是测量的一个结果，要想判断其价值还需要进行评价。另外，教学评价中需要进行测验，测验需要使用测量工具或测量表。考试只是测验的一个工具，评价则是分析和评判考试结果。

关于评价，很多人会联想到测试、评价、评估，认为三者是同一概念。但是仔细分析，三者是存在一定区别的。简单来说，测试为评价提供依据，评价为评估提供依据，评估是对教学效果的综合评价。三者的关系如图7-1所示。

从图7-1可知，评价与测试、评估的关系非常密切，但也不乏区别的存在。具体来说，可以从如下几个方面理解。就目标而言，测试主要是为了满足教师、家长的需要，便于他们弄清楚自己学生/孩子的成绩。当今社会仍旧以测试为主，并且测试也为家长、教师、学生提供了很多信息。评价主要是为教师与学生提供依据，如学生在学习中遇到什么问题、学生学习的效果如何等，便于教师提升自身的教学质量，也便于学生提升自身的学习效果。评估有助于行政部门对教学资源进行合理配置。显然，三者发挥着不同的作用。

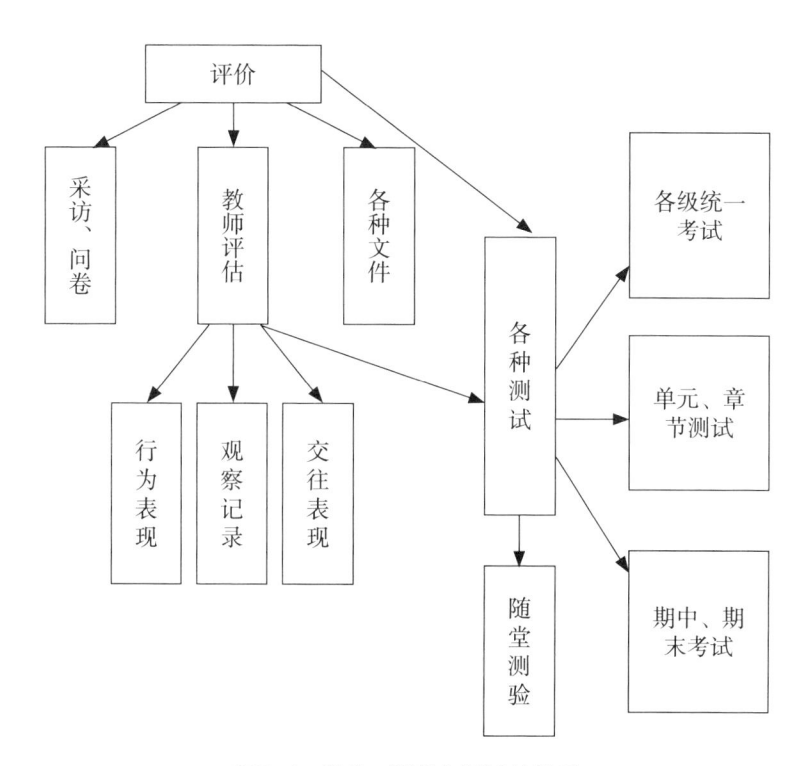

图7-1 评价、评估与测试的关系

（资料来源：黎茂昌、潘景丽，2011）

二、高校英语教学评价指标体系

评价指标体系在整个工作中起着统揽全局的作用，是课程评价的核心内容，也是本书的重点内容。评价指标体系也称为评价要素体系，它是能反映教育目标整体或全貌的评价指标的集合。广义的评价指标体系还要求指标体系要涵盖各项评价指标的权重系数、评价标准，以及各项指标的内涵的文字描述，最终构建出完整的评价体系。

第二节 教育信息化时代高校英语教学评价的意义与原则

一、教育信息化时代高校英语教学评价的意义

（一）提升学生学习的积极性

高校英语教学评价能够将学生的学习潜力挖掘出来，实现学生高质量的学习。实际上，学生的学习能力本身相差不大，如果采用科学的教学手段，那么就可以将不同学生的学习潜力激发出来。同时，高校英语教学评价还可以实现师生之间的和谐互动，教师改变了以往"高高在上"的局面，与学生展开互动交流，从而将学生的英语学习积极性激发出来。

（二）培养学生的学习信心

高校英语教学评价帮助学生提升英语学习的信心。学生通过对英语学习阶段的了解，可以建构自己对英语学习的信心。实际上，学生的英语学习信心与教师有着密切的关系，如果学校建立了英语教学评价体系，那么英语教师的整体水平就会提升，从而有助于促进学校、教师、学生之间关系的和谐。

（三）实现课堂教学目标

当前的高校英语教学中，教师要把关注点从"我教了什么""教学任务完成了吗"等方面转变到"学生学会了吗""学生掌握了哪些，哪些没掌握"，在高校英语课堂中，学生是学习的主体，只有把目光聚焦到学生身上，才能有助于学生完成学习目标。这也与叶澜教授提出的好课五项基本要求相

契合，即"有意义、有效率、生成性、常态性、有待完善"。在高校英语课堂教学中，如果学生从起步的时候跟不上，就很难再掌握更高一级的内容，所以教师在上课的时候，就要调动学生的学习积极性，让学生对英语产生浓厚的兴趣，让学生在平时生活中主动用英语与他人交流，这样对于教学目标的达成就水到渠成了。

崔允漷教授说过"目标是灵魂"，基于"教—学—评"一体化的课堂教学应该是围绕目标进行的，并且上完一堂课的最终结果是实现教学目标。准确地表述目标有利于教学目标的达成。在教学评价设计中应该先确定学生的学习目标，而且这些目标应该是具体清晰、可测的，评价任务的设计要依据教学目标，然后围绕教学目标和评价任务安排教学活动。在课堂实施的过程中，以目标为导向，课堂评价时刻在教学过程中进行，要为学生得到更好的学习去进行评价；课堂上的教学活动之所以有序展开是教学目标起了非常重要的作用；教学过程中的评价一直存在，通过评价，教师能立马了解学生对学习内容的掌握程度，也有助于教师发现学生存在的问题并督促学生及时改正，这也为教师改进教学方法、调节教学进度提供借鉴，之所以这样做就是为了使教学目标和学生的学习结果保持一致，所以我们不难看出，不论是在教学设计中还是在教学中，永远不变的是教学目标，教学目标的实现也要依靠教学活动，因此可以说教学评价能够帮助教师实现教学目标。

（四）促进学生的发展

高校英语课堂教学的目的是让学生清楚地了解通过学习获得了什么样的知识，得到了什么样的技能，获得了什么样的情感。在这个倡导核心素养的时代，教学评价围绕核心素养，让学生通过课程学习逐步形成适应个人终身发展和社会发展需要的正确价值观、必备品格和关键能力。高校英语课程要培养的学生核心素养包括语言能力、文化意识、思维品质和学习能力等方面。

建构高校英语教学评价，要以学生为中心，通过各种活动，最终把教学目标转变成学生的学习结果。在课堂教学中，不仅有清晰的教学目标，还有评价贯穿于教学过程的始终，这样的评价方式不仅让教师能实时地掌握学生的学习程度，最重要的是学生通过教师和同伴的评价，能够立即清楚地知道自己的学习状态以及所学知识是否掌握牢固，这样教师能够立马引导学生进行下一步的学习，也能够让学生清楚地知道自己在以后的学习过程中应该怎样去做，能够主动且专心地去学习，这样的课堂推动学生积极地参与到学习中去，也促使学生达成学习目标，最终得以促进学生的全面发展。

高校英语教学评价在实施过程中，应该注重学生的学习结果，持续地搜集学生的学习信息并作出有效评价，并且从教学目标方面对学生的学习信息作出分析、处理，能确保学生是朝着教学目标的方向在努力。同时，学生能够从教师的评价中知道自己平时的努力得到了教师的肯定，并且得到了有效的评价，从而让学生对自己的学习情况作出精准的判断，长此以往，学生能够自主快乐地去学习。促学评价是有效教学的基础，这样的课堂能让大部分的学生完成教学目标，让小部分的人在课堂外取得令人惊奇的成绩，因此高校英语教学评价能够促进学生的进步和发展。

（五）促进教师的专业化发展

高校英语课堂教学评价对教师提出了更高的要求。教师不仅要深入研读英语课程标准、分析教材、掌握学情，还要科学制订教学目标、设计恰当的教学活动、合理对学生进行评价。教师想要做到以上的要求，就需要具备专业知识、专业技能、专业情感。要想实现教学评价的课堂，就要求教师从专业化的角度去设计教学方案、教学活动、评价任务，选择合适的教学方法将教学目标转化为学生的学习结果，在这一设计的过程中，不仅可以深化教师的专业知识，还可以提高教师的教育机智。因此，高校英语教学评价有利于教师的专业成长。促进教师专业化发展最好的一个途径就是反思，高校英语课堂教学评价需要教师不断去反思自己的教学目标是否可测，如在学生的表现中没有预设到怎么办；学生达成教学目标的程度、评价能否一直围绕教学目标；设计的教学活动是否有利于教学目标的开展；教学目标、课程内容、学生的评价是否保持一体化。因此，课堂教师可以反思自己在专业知识、专业技能、专业情感中的不足，还可以为教师改进的方向提供依据，以便推进教师的专业化发展。

二、教育信息化时代高校英语教学评价的原则

（一）主体性原则

高校英语教学长期存在"费时低效"的情况，其根本原因在于高校英语教学过分重视教授，而忽视了学习，对于标准化与一体化教学过分看重，未重视学生的个体化差异。在新时代，高校英语教学需要考虑学生的情感与认知因素，允许学生对学习内容进行自行选择，可能全部承担或者部分承担自身学习的前期准备、实际学习，以及学习效果监控与评价等责任，让学生在学习与评价过程中形成一种监控意识。

（二）实践性原则

1.结合主观和客观指标

高校英语教学评价的指标分为定性和定量指标、单一和复合指标、静态和动态指标几类，要想将主观和客观指标有机结合起来，首先要明确定性指标，为评价提供具有科学性、合理性的信息。定性指标具有较强的主观性，因此需要从多方面制定"好""尚好"标准，避免评价者在评价过程中以主观意识为主，但也不是完全限制评价者的主观判断。

2.评价指标简约化

设计高校英语教学评价指标要将高校英语教学活动的主要方面全面涵盖，但不能设计特别多、特别细的指标。教学评价指标应该简约化，也就是去除所有无关紧要的评价指标，将关注点放在实质性指标上，这样才能控制好评价成本，使评价效率和质量得到有效提升。

（三）参与性评价

设计高校英语教学评价指标的时候让学生参与其中，得到他们的认可。学生参与高校英语教学评价的主要途径有两种：其一，制定和修改高校英语教学评价指标；其二，运行和执行高校英语教学评价指标，即学生参与高校英语教学评价过程。

（四）导向性原则

通过建立一套有效的高校英语教学评价指标体系，可以有效地引领教师的教学行为，使其达到深入探究的目的，从而实现课程的有效实施。这就是导向性原则，它旨在帮助教师更好地实现课程的目标、设计和内容。为了使高校英语教学评价能够发挥出最大的指导作用，我们必须建立一套先进、科学的教育理念体系，这些理念可能不是完美无缺的，但是应该选择具有代表性和指导性的思想，以确保高校英语教学评价指标体系的建立具有理论支撑和可靠性。

（五）可行性原则

为了确保高校英语教学评价的准确性，需要制定一套完善的、具有可操作性的高校英语教学评价指标体系。这些指标应该是完全独立的，以便评价人员能够准确地识别出教师的表现，判断其是否进行了深入教学，避免出现不必要的纠纷。此外，对于深度教学的评价应该清晰明确，使评价人员能够轻松识别和判断，并迅速区分出教师的教学行为，以便决定是否采用这种方法。[1]在进行高校英语教学评价时，应该确保教学评价指标的简洁明了，避免重复。为了使这些指标更加实用，我们应该确保它们能够适用于所有不同的教学环境和内容。这样我们才能保证这些指标和标准的可操作性。

---

[1] 曹一鸣，李俊扬，秦华. 我国教学课堂教学评价研究综述[J]. 教学通报，2011，50（8）：1-5.

（六）有效性原则

通过建立一个有效的高校英语教学评价体系，我们可以更好地反映教学目标，从而提高课堂教学质量。在课堂上，我们应该遵守一定的教学原则，并且按照预先制订的步骤来进行。[①]同时，我们还应该关注创造性的教学内容，因为它们仍然具有一定的发展趋势。在进行教学时，我们需要关注学生的身心健康。由于学生正处于人生的第二个关键时期，身体和精神状态会对他们的学习产生重大影响。因此，我们需要深入了解他们的成长规律，并采取适当的措施来帮助他们更好地完成任务。这也是构建合理的高校英语教学评价指标体系的基础。

第三节　教育信息化时代高校英语教学评价的多元化策略

一、构建高校英语在线学习评价框架

这里结合学生英语在线学习特点，以优化在线学习评价应用效果为目标，在分析其存在的问题的基础上，对如何从评价主体、标准等维度优化、构建高校英语在线学习评价框架进行分析。

---

① 崔允漷，雷浩. 教—学—评一致性三因素理论模型的建构[J]. 华东师范大学学报：教育科学版，2015，33（4）：15-22.

（一）高校英语在线学习评价框架构建的依据

优化及构建框架的依据为上述对学生在线学习现状的调查分析结果和对在线学习评价各维度在高校英语课程应用及效果的分析结果，该"框架"的形成是对优化策略的一种表现形式，主要通过分析各个维度的作用以及维度之间存在的联系，结合英语听说课和读写课的差异，逐步分析并确立各部分的内容要素。

（二）高校英语在线学习评价框架内容要素的确立

1.根据英语课程类型选择评价主体

在确立评价主体内容之前，笔者先对国内外比较有影响力的在线学习评价标准进行比较，通过对已有的在线学习评价标准的分析，发现其中通常包含的五个要素，即学生、教师、学习资料、在线学习支撑系统和学习支持与服务系统，保留学生和教师两个要素，并将在线学习支撑系统、学习支持与服务系统两个要素根据本书的研究统称为在线学习平台。在学校的英语在线教学中，考虑到可行性的问题，所能够实现的主体类型只有学生和教师，与传统的课堂教学区别不大，但值得注意的是，在线学习平台这一主体的作用，如钉钉、学习通这一类主体，要积极发挥在线学习平台数据的优势，如观察学生进入课堂的时间、提交作业的时间等。因此，对在线学习评价的框架中评价主体的内容要素确定为学生、教师、学习同伴（学生群体）和在线学习平台。

（1）在线听说课的评价主体选择

听说课包含听力课和口语课两种课程类型，在实际教学中，通常结合在一起以增强学习效果。对于听力课，教师引导学生在播放录音之前根据问题预判接下来会听到哪些内容、引导学生听细节并且会及时判断结果对错等；对于口语课，发音的标准程度和发音细节的纠正，教师和学习同伴作为评价主体会给予最真实的反馈，同学间的相互评论使在线学习的评价变成一种共享行为，从而推动了真实的观点交换，尤其是在进行英语口语交流和对话时表现得更为突出。此外，通过在线学习平台的数据化优势，可以有效地记录学生上传的口语作业的语音或者视频。因此，对于听说课的学习评价，教师作为评价主体的主要作用是对学生学习结果做出分析与判断，在线学习发展的进程中，虽然一直强调以学习者为中心，但实际的发展现状表明，在线学习中教师仍然发挥着主要的中心作用。学生同伴作为评价主体的作用是给学生提供更多的学习角度和学习策略，从而增强学生的学习动机，使学生对内容标准有更清晰的认识，并且其所使用的语言、方法通常要优于与教师之间的交流。在线学习平台作为评价主体的主要作用是对学生的各种数据进行精确记录，并对其进行分析和反馈。

（2）在线读写课的评价主体选择

读写课包含阅读课和写作课两种课程类型。从学生英语学习的现状可知，无论是阅读还是写作，教师引导学生分析文章内容结构，判断学生对于知识点的掌握状况都具有一定的权威性，同时，学生可以通过范文标准进行自我评价，判断自己的写作水平，尤其是学生间的相互评价对于写作能力的提高帮助极大，可以在相互交流中查漏补缺，激励和提高学习效率。此外，通过在线学习平台，分享阅读资料，通过平台数据观察学生下载情况也可以作为对学生的学习过程和结果的评价。因此，对于读写课的学习评价，教师作为评价主体的主要作用是给予课堂提示和结果反馈，评价学生对于学习任务的完成程度，同时，起到一定的示范作用，学生通过观察教师的评价学习要怎么"评"以及"评"什么。学生本身作为评价主体的作用在于进行学习反思，进而认识到接下来要做什么，让学习过程变得更为乐观，促进独立和求知欲的养成。学生同伴作为评价主体的作用在于弥补从学生自身的角度去思考问题的片面性。同样，在线学习平台仍然具有记录数据的作用。

2. 根据不同学习活动选择评价方法

通过对高校英语课程在线学习评价方式使用情况的调查得知，在笔者整理的九种评价方法（学生自评、同伴互评、教师评价、收集在线学习平台的作业数据、课上小组讨论、课后作业、随机提问、随堂在线测验、考试）中，考试、课后作业、教师评价、同伴互评和学生自评使用较为普遍。然而，为保证评价主体作用的有效发挥，在线学习评价方法应根据不同的学习活动形式而定，如知识表现型的学习活动，想要判断学生在面对某一个知识点时的具体表现，如对单词或者语法的掌握，可以选择利用在线学习平台实施在线检测的方法，或是为检验课程表现的学习活动，想要考查在线学习时学生的学习投入度，可以通过随机提问题，通过学生回答问题的状态进行评价，或是考查学生自我管理能力的学习活动，可以用收集在线学习平台提交的作业作品这样的行为数据，这些学习数据基本上也能够反映出学生对于自己学习时间的规划。还有信息管理和处理、设计和创造、交流能力、协作能力等都可以用相应的策略来开展具体的评价。

3. 建立促进英语学习的五类评价目的

评价目的是框架的核心组成部分，它能够指导评价过程，并且具有明确的导向作用，不同的课程活动想要达到的学习目的是不同的，这就要求教师在进行具体的在线学习评价方案设计之前，首先要明确评价目的。由于本书重点关注的是高等教育阶段的英语教育，以促进英语学习的发生为基础，所以在线学习评价目的的内容定义为促进英语学习，旨在达到对学生学习任务方向的引导，要求充分发挥评价的导向、监督、调节和激励作用，帮助学生在已有的知识经验的基础上，建立新知识与已有知识的联系，帮助学生及时全面了解自己的学习情况，教师可以根据学生的表现来判断是否已经完成了预定的各项学习任务，通过给予学习者一定的反馈，帮助其调整学习的步调、策略和方法，掌控整个学习过程的节奏，从而达到持续改进的目的，通过对不同程度水平的学生成绩进行鼓励和鞭策，形成一种积极的激励行为，从而激发学生学习的动机。因此，根据九种评价方法（学生自评、同伴互评、教师评价、收集在线学习平台的作业数据、课上小组讨论、课后作业、随机提问、随堂在线测验、考试），对不同方法所能够达到或是要达到的目的逐一进行分析。其中，评价的主要目的是为学生提供一些及时的反馈；促进学习者的反思，如针对某一项写作任务，采用学生自评的方法，其能够达到的目的就是促进反思；促进学习者的协作，同伴互评和课上小组讨论都能达到此目的；促进学习者的学习动机；促进评分公平，也就是形成一定的分数或者成绩。

4. 关注表现性评价和学习行为评价

该维度的内容要素包含英语在线学习参与度、协作性、自主性和知识反馈等四个层面，与问卷维度相对应，笔者认为，线上课应多关注表现性评价和学习行为评价，也就是教师不仅要关注学生在整个学习过程中对知识和技能的掌握，检验学生发现问题、分析问题、解决问题的能力以及团队合作、批判性思维的能力，也要关注学习行为的表现，目的在于让学生清楚地知道，线上课具体要怎么做以及自己目前所达到的程度，让学习目标变得更加明确。通常情况下，对于学生来讲，教师的标准就是绝对"权威"的标准，无论能否理解"标准"的真正内涵，学生都会认为老师对自己的学习进行评价具有一定的合理性，无论这种评价是否客观，学生都会接受评价结果，但从上述调查结果可知，教师方面和学生方面都认为在线学习过程当中评价标准对英语学习产生的效果程度低，具体表现为评价标准的统一，忽略了学生个性化差异。为了更好地优化在线学习评价应用效果，建议制定的评价标准语言表达不能过于宽泛，能够确保给予学生有效的反馈，使学生了解教师在教学过程中所要达到的目标。因此，将出勤、在线听课时长、完成课堂任务、小组合作、帮助学生答疑、分享学习资源、克服外界因素干扰、遵守课堂纪律、听课状态和专注度、保持成绩稳定和制订额外学习计划这一类表现性评价和学习行为评价作为评价标准的内容要素（图7-2）。

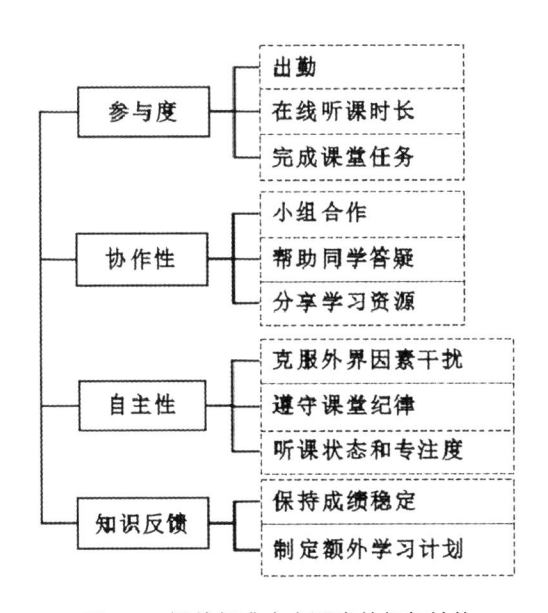

图7-2 评价标准内容要素的框架结构

5. 关注评价结果反馈内容结构和反馈时机

从对评价结果反馈对学习产生的影响的调查结果来看，同其他维度相比，其在目前的实际应用中处于较好的状态，所以本书仅对听说课和读写课反馈的内容结构和反馈时机进行明确。有效的反馈内容结构形式要清晰简洁，指出需要改进的地方并提出值得肯定的部分，考虑到学生学习兴趣低和能力水平问题，反馈应多以鼓励为主。同时，还要注意反馈时机，如在线课堂中组织学生进行口语练习，那么反馈的时机一定是在学生清楚地表达之后立即给予反馈，进行纠音纠错，也就是所谓的动作完成时；再比如，给学生布置写一篇英语短文的任务，那么一定要对反馈的时机进行控制，如果立即反馈，学生会觉得评价主体对他的成果没有仔细地阅读和检查，但反馈时间也不宜过迟，要保证在一个固定的周期内，要让学生在反馈中获益。

（三）高校英语在线学习评价框架内容要素的整合

将学习评价结合英语线上听说课和读写课进行优化分析，并在确立各维度的内容要素之后对其进行整合，最终形成以评价主体、评价方法、评价标准、评价目的和评价结果反馈五个维度的高校英语在线学习评价框架，如图7-3所示。

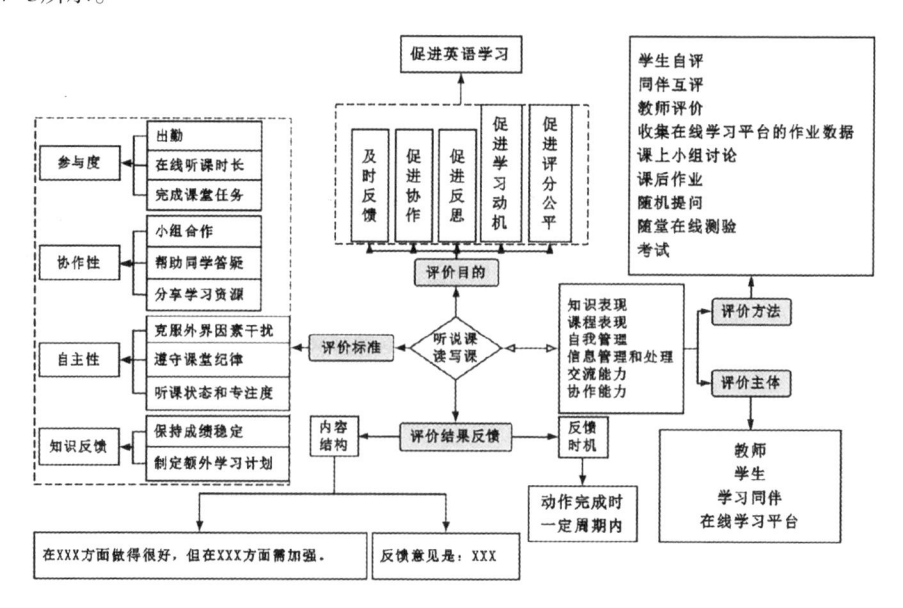

图7-3 高校英语在线学习评价框架

通过观察整合后的框架结构可以发现，在线学习环境中的一些评价原则和传统学习环境相比既有相似之处也有不同之处。在线学习评价由于其学习过程具备实时同步记录数据的优势，一些评价原则实施和运用的方式发生改变，在以往的评价体系中各要素的优化总是围绕传统英语课堂的表现形式，而职业教育和普通教育相比，其评价标准体系也应该是有所区别的。首先，对于这四类评价主体的选择，除教师和学生群体外，在线学习平台是线上课中最稳定的主体因素，对于不同的课程类型的评价主体选择要多元化，避免只关注于一类主体。其次，要关注学生的表现性评价和学习行为评价，虽然传统学习中对学业成绩的评价已经根深蒂固并且毫不保留地"转载"到在线学习过程中，但这对于学生来说或许意义不大，从本书中对学生英语在线学习的现状调查可知，部分学生在脱离了校园约束的情况下出现无故旷课的现象等，因此笔者认为应该将其纳入过程性评价的指标选择范围内。此外，以上九种评价方法是笔者在对文献资料的总结的基础上结合教育实习期间英语线上教学经历总结的，建议根据听说课和读写课中不同学习活动的考察方向选择评价方法，同时要考虑在确定某一种评价方法后所能够达到的目的是什么。最后，通过规范内容结构、明确反馈实际来提升评价结果反馈的效度。

二、实现教学评一体化

（一）教学评一体化的内涵

一体化，百度的名词解释是指多个原来相互独立的主权实体通过某种方式逐步结合成为单一实体的过程。一体化在不同的领域，有不同层次的含义。本书研究的是教育领域的一体化，其实质是教学目标、教学过程、教学结果与教学评价达到整体一致的水平。教学评一致性与教学评一体化的含义有所联系，以此为鉴，并予以升华。

崔允漷教授等研究者根据韦伯的观点将教学评一致性定义为：在特定的课堂教学活动中，以清晰的目标为前提，教师的"教"、学生的"学"，以及对学习的评价应与目标保持一致。崔允漷和夏雪梅（2013）从两个方面探讨了教学评一致性的内涵。①从教师层面，教学评一致性指在教学过程中，教师的"教"、学生的"学"、对教学的"评价"三要素要与教学目标一致；从教育专家层面，教师的"教"、学生的"学"与考试命题保持教学目标的一致，教学评一致性共同指向有效教学。崔允漷和雷浩（2015）从理论分析层面总结了教、学、评一致性的定义，即教—学一致性、教—评一致性、学—评一致性三个因素组成，研究这三个因素与教学目标的匹配程度。②

从一体化的角度看教、学、评，张德伟（2005）认为，评价是教学过程中不可或缺的一部分，教学与评价是不可分割的，评价应贯穿于日常教学的始终，要在恰当的时期以正确的形式进行，评价的目的是提高教学质量和促进学生的发展。卢臻（2015）将教学评一体化分为四个重要的分析问题：学习问题、教学问题、评价问题、匹配问题。③她指出无效教学的原因是课标—教学—评价"两张皮"，即教学目标游离于教学之外，评价与教学分离，倡导让教学"回家"，以课程标准为目标，追求目标—教学—评价的一致性，以评价促教学。《英语课程标准（2020年修订版）》指出：完整的教学活动包括教、学、评三个方面。教是教师把握英语学科核心素养的培养方向，通过有效组织和实施课内外教与学的活动，达成学科育人的目标；学是学生在教师的指导下，通过主动参与各种语言实践活动，将学科知识与技能转化为自身的素养；评是通过课程标准检测教与学的效果。由此可以看出，"评"是"教"与"学"的手段，而不是最终的目的，其三者一致指向教师的专业发展与学生的个性发展，成为不可分割的有机整体。李亮（2018）认为，在教学中，教师可以通过评价促进教学目标的落实与达成，学生在教师的支持和引导下，自主探究与合作学习达成学习任务目标，发展自身的综合素

---

① 崔允漷，夏雪梅."教—学—评一致性"：意义与含义[J]. 中小学管理，2013，266（1）：4-6.
② 崔允漷，雷浩. 教—学—评一致性三因素理论模型的建构[J]. 华东师范大学学报：教育科学版，2015，33（4）：15-22.
③ 卢臻. 以评价驱动教学——教—学—评一体化教学实践与探索[J]. 基础教育课程，2015，157（13）：6-10+19.

养。①王蔷、李亮（2019）认为，教学评一体化模式对提高教学质量，改善学生学习体验，推动学科核心素养的落实具有重要的意义。教学评一体化模式应该每天都发生在课堂教学中，这样教师教学才更加专业化，学生学习才更有希望，外语教学才能有新的突破。②郭晓悦（2021）认为，构建教学评一体化生态模式，引导教师关注学习过程，将教学评价融入真实的教学情境中，转变英语课堂的教学观念，优化教学策略，能够促进学生的发展。③

基于以上学者的研究，我们可以得出教学评一致性与一体化概念的关联所在：第一，原理一致，两者都是为实现有效教学的目的，达到良好的教学效果来进行设计的；第二，指向一致，两者都是指向教学目标，并围绕教学目标设计教学活动、学习活动和评价活动；第三，操作一致，都是将评价活动镶嵌于日常的教与学的活动之中，且教师应给予及时的反馈评价。由此，本研究对教、学、评一体化作了如下界定：课堂活动前，教师根据课程标准制定教学目标；课堂实施活动中，教师将教—学、教—评、学—评活动演绎于配套的教学设计之中，并最终使两两结合的三要素与既定的教学目标相匹配。

总之，教学评一体化首先从时间角度来说是同步进行的，因为教学与评价发生于整个课堂活动中。在传统课堂教学中，评价总是滞后于教学或者游离于教学之外。而在教学评一体化中，评价贯穿于整个课堂教学中。其次，从内容角度来说，教、学、评指向共同的目标，使课堂教学朝着统一的方向前进，达到以评促学，以评促教的效果。没有目标，教、学和评就不能统一起来，学生的核心素养也就无从发展。最后，教学评一体化的评价主体不单单是教师，还包括学生和学习共同体。评价应采用多元的评价方式，根据不同的教学内容和不同的学生群体灵活运用。

---

① 李亮.核心素养背景下教—学—评一体化设计与实践——以高中英语项目式教学为例[J].中小学教师培训，2018，387（10）：62-66.
② 王蔷，李亮.推动核心素养背景下英语课堂教—学—评一体化：意义、理论与方法[J].课程·教材·教法，2019，39（5）：114-120.
③ 郭晓悦.指向教学评一体化的高中英语阅读教学研究[J].海外英语，2021，439（3）：92-93.

（二）教学评一体化的实施步骤

教学评一体化在课堂教学中的设计与实施是一个复杂的过程，也是一个系统的育人工程，包含着诸多要素。在教学评一体化的课堂教学中，教师是系统工程师，是课堂教学的关键，而学生则是这个育人工程的核心，学生在课堂教学中处于中心地位。教学评一体化设计与实施从教学开展顺序的角度看，可以划分为三个阶段：教学准备阶段、教学实施阶段和教学反思阶段。[1]

1. 准备阶段

在准备阶段，教师需要做好充足的准备。第一步，教师要基于新课标的理念和要求，分析单元主题、分析教材和分析学情。确定学生学习的起点，明确为什么教，要体现的育人价值是什么。第二步，在对单元、教材和学情分析后，基于学生已有的水平，确定学生与课程标准要求之间的差距，为学生设计合适的教学目标。教师要审视教学目标是否能培养学生的核心素养，是否符合学生的实际发展水平，教学目标是否可操作、可检测和可观测。审视之后，对教学目标进行修改。第三步，教师基于新课标倡导的能够促进学生核心素养发展的英语活动观设计教学活动和评价活动。教学活动可以促进教学目标的实现，评价活动可以检测学生的学习效果。教学活动和评价活动需要与教学目标保持一致，教学与评价不分离，教学与评价共同促进教学目标的实现。

2. 实施阶段

在实施阶段，教师和学生都是课堂的参与者。无论是教学活动，还是评价活动，教师和学生都是课堂的参与者。首先，教学设计是课堂实施的依据，教师要以学生发展为中心，以培养学生解决问题能力为导向，使教学目标在教学活动和教学内容的合理安排下得到落实。其次，教师要采用观察、提问、点评、纸笔测验等方式来评价学生的学习效果，为学生提供及时的反

---

[1] 王蔷，李亮. 推动核心素养背景下英语课堂教—学—评一体化：意义、理论与方法 [J]. 课程·教材·教法，2019，39（05）：114-120.

馈。反馈要明确具体，使学生能够根据反馈调整学习。最后，评价活动的主体不仅是教师，还包括学生。在开展评价活动时，教师不仅要向学生明确活动的内容和形式，还要明确评价活动的形式和标准。学生要转变为评价活动的积极参与者，同教师一起参与评价标准的制定，能够根据评价标准进行自评和互评，进而有效调控自己的学习进程。

3.反思阶段

在反思阶段，教师对课堂教学效果作出评价，判断教学是否达到了预设的教学目标，课堂教学还有哪些不足以及可以改进的地方，反思并作出调整，为日后教学的改进提供参考。单元学习结束后，通过测试、观察、师生交流、动手操作等方法检测学生在知识、能力、经验和态度上的转变，综合评价学生的全面发展，全面培养学生的核心素养。

第八章　教育信息化时代高校英语教学发展的创新路径

　　在推动教育信息化时代高校英语教学改革的过程之中，许多学者开始积极地将课程思政理论、生态理论、ESP理论融入教学环节之中，不断地采取创新的教学手段，积极推动教学资源的优化利用。课程思政教学、生态教学、ESP教学融入高校英语教学符合信息化时代发展的要求，能够提高学生的综合素养，实现人才培养目标与信息化时代发展之间的紧密联系和互动。对此，本章就以教育信息化时代背景下的高校英语教学为中心，分析上述几大理论指导下的高校英语教学改革的相关策略，以期为促进我国高校英语教学质量和水平的提升提供一定的借鉴。

第一节　教育信息化时代高校英语课程思政建设

一、课程思政教学

课程思政是我国高等院校教育的一种独特教育理念，是对新时代人才培养提出的新要求。我国的高等院校一直以来都承担着为国家培育优秀人才的使命，即使在战乱年代都不曾停歇。进入新时代以来，国内外的环境发生了重要的转变，我国逐渐从发展中国家向发达国家迈进。在这样的重要历史时期，对整个教育系统尤其是高等院校都提出了更高的要求。人才是一个国家安身立命的重要根基，而对人才的思政教育更是教育的重中之重。思政是高等教育中非常有代表意义的一个重要部分，将思政教育贯穿高等教育的始终是国家培养人才的必然要求。

（一）思政教育的提出

到目前为止，课程思政已经经历了三个发展阶段，分别是：2005—2009年在上海试执行的"两纲教育"、2010—2013年开始全面推行的"德育一体化"教育和2014年至今形成的成熟的思政课程教学体系。

2016年12月，习近平总书记在主持政府工作会议中特别强调了高等院校思想政治教育的重要性，并指出思想政治理论课要坚持在改进中加强，提升思想政治教育的亲和力和针对性，以满足学生成长发展的需求和期待，使各类课程与思想政治理论课同向同行，形成协同效应。

习近平总书记的这番讲话为高等院校的工作指明了方向，尤其是关于思想政治的教育工作，提出了特别的要求。这足以证明思政课在高等院校的教学中占有非同寻常的地位，是人才培育的基本前提。此后，思政教育成为我国高等院校人才培养和课程教育的重要指导思想。

思政课程的提出还与当时的时代背景有着密切的关系。21世纪以来，经过改革开放40多年来的建设与积累，我们国家在各个方面都取得了飞跃式的发展，这不仅进一步凝聚了民族自信心，而且让世界各国对中国的强大产生敬畏之情。但是，国家的发展之路仍然充满挑战，为了实现中华民族的伟大复兴，实现从大国向强国的转变，未来依然任重道远。正因为如此，国家对人才的培养也提出新的要求。未来，高等院校学生仅仅拥有知识、技能和学历是远远不够的，国家已经过了快速发展阶段，今后需要的人才不仅要具有过人的才能，而且还应具备过硬的思想政治水平。因此，国家提出了"课程思政"的新型教学模式。课程思政主要是指以强化思政教育为目的，在各个学科内都要有机地融入思政教育内容，从而一改往日生硬的思想道德和政治水平培育的方式。

（二）课程思政概念的界定

课程思政是对高等院校人才思想政治水平的一种基础教育，是将科学的、普世的政治观和思想潜移默化地内化到学生的日常学习和生活中，从而指导他们今后的工作和人生的选择。而且，当代青年学生由于出生、生长在新中国经济飞速发展时期，他们从小生活在社会和平、稳定，生活安稳、物质充沛的环境中。一般而言，过于安逸的生活境遇会让人从精神上产生懈怠情绪，长远来看，这并不利于我国持续的发展。因此，国家需要在高等院校教育中加强对青年学生思政水平的教导，促使他们形成正确的价值观和健全的人格。

由于学界对课程思政的概念一直没有得出明确统一的界定，这种情况对高等院校实行课程思政工作也带来一定的障碍。但是，目前存在的对课程思政的概念界定比较有代表性的一个，是北京高等院校孙蚌珠教授的观点："思政课程是思想政治理论教育的课程体系，而课程思政则是教学体系。"这种说法很好地揭示了课程思政和思政课程之间的区别，对思政课程的概念进行了界定。

（三）课程思政的要求

1. 以高校党委为政治核心

思想政治教育工作属于党委的工作范畴，因此高校的课程思政应该以校党委为核心，负责开展各个院系和学科的思政教育内容和安排。以高校党委为政治核心开展课程思政具有以下几方面的优势。

（1）高校党委部门具有管党治党的主体功能，可以调动学校的行政、教学等各个部门的人力资源、物力资源，具有最高的统筹权利，因此可以将课程思政工作彻底地进行。

（2）高校党委在思想建设、组织建设和制度建设等方面具有明显的优势，是最有能力执行课程思政的部门。

（3）高校党委作为课程思政建设的主体，能够准确把握党和国家对课程思政的精神，能够卓有成效地切实贯彻和落实课程思政的要求。

2. 发掘课程中的思政资源

根据课程思政指导思想的核心要求，在各个院系的专业课程中进行课程思政的优化，要求教师在授课过程中不仅教授专业知识，而且要将思想政治与专业课知识融会贯通、有机地结合，让学生得到全面的成长，使"教书"和"育人"完美结合，形成一套科学有效的教学模式。但是，要实现这一目标，达到理想的效果，需要教师选择最合适的角度，与思政内容相结合，采取合适的方式进行教学。

这就需要教师提高自身的专业修养和思政水平，在日常的工作和学习中，不断拓宽自身的知识和视野，在努力提升专业能力的同时，还要注意加强自身对思想政治的学习，并将其整合进自己的教学内容中。在掌握和整理学科知识体系的基础上，将德育内容放在重要的位置，让学生在专业知识的学习中提升思政知识和意识。

3. 注重教师队伍的建设

课程思政教学模式的推进，除了需要根据国家的精神指导，以及校党委的具体统筹安排之外，更重要的是加强教师队伍的建设，因为教师才是实践思政课程的第一人，在他们的讲台上真正落实国家课程思政的要求，将思政融入专业知识的效果如何，学生对课程思政的接受程度如何，将直接由教师的实际授课所决定。因此，教师的思政水平至关重要，为了提升教学质量和教学效果，必须从教师队伍的建设抓起。

4.协同发挥"课程思政"和"思政课程"的作用

课程思政教学模式是对原来强调专业教学的模式进行优化和创新，将思政内容融入专业课程中，在各个科目的教学过程中，引导学生从一个崭新的视角观看世界，这是对学生发散思维的训练。与此同时，课程思政还需要与思政课程相结合，以产生更好的效果。加强二者之间的交流，协同发挥二者的作用，有利于达到更加理想的育人效果。

二、教育信息化时代高校英语课程思政建设策略

（一）重构教学内容，挖掘思政教育元素

多元重构，创造性使用教材。课题组教师将教材内容划分为基础、通识、拓展三大板块；在教学过程中，尝试打破原有顺序，按照单元主题内容进行分类、重组，集中授课；寻找单元主题和进行思政教育的结合点，探究各类思政元素在教学全过程中的融入手段和方法，使课堂思政教育更具贴近性、互动性和共鸣性。另外，课题组教师以教研室为单位，每周教研，共享课程思政新资源，探究思政教育新思路。

（二）结合学习通平台，构建混合式课程思政路径

通过线上、线下授课时空的混合、信息技术使用的混合以及各种教学方法的混合，打造出"线下教学活动+学习通平台资源建设+移动App终端自主学习"的多维立体课程思政路径。

（三）完善英语教学"课程思政"的教育模式

首先，教师要努力提升自身的思政水平，在自身的英语课堂中融入思想政治的理念，从而让学生不断形成对我国社会主义核心价值观的认同。

其次，英语教师应该在实际工作中，建立学生的高尚道德素养，提高学生的人文水平，为学生传递正确的价值观。

最后，在英语教学中，要深入分析和研究课程思政，研究出英语课程思政的创新路径，挖掘英语课程思政的要素，创新教学手段，掌握课程思政的融入方式，引导学生在英语学习中不断提升自身的语言水平，强化自身的爱国主义情怀，培养学生正确的价值观、人生观。

第二节 教育信息化时代高校英语生态课堂构建

一、生态教学

（一）高校英语生态课堂的本质

随着生态学逐渐发展成为一个相对完整的理论系统，它为不同领域问题的解决提供了全新的视角。生态课堂把课堂看作一个微型的生态系统，用全面、和谐、综合发展等生态理念来处理教师、学生和课堂环境等课堂要素，建立一个整体、平衡、联系的课堂，以实现整个课堂的可持续发展。英语生态课堂并不是对传统英语课堂的颠覆，而是利用生态原则和生态标准从一个新视角来重新思考英语课堂，发扬其长处，改正其不足，以实现对英语课堂的不断完善。下面将对生态教学的本位性及英语生态化教学的品性等问题进行解读，对高校英语课堂的生态属性予以考察。

1. 生态教学的本位性解读

高校英语生态课程旨在帮助学生增强自信心，并在日常学习中唤醒他们对学习的热情。这一课程旨在为学生提供一个交流与沟通的平台，以提高他们的英语水平。通过建立一个生态环境，可以帮助学生更好地理解和解决问题，并且培养他们的综合能力。这样他们就可以更好地适应社会对人才的需求，在实践中不断成长和成熟，建立一种良好的能量转换和循环，从而满足学生个体发展和团队发展的需求。基于这一点，高校英语生态课程已成为一种可持续发展的教学模式。

教育应该重视培养人的全面发展，这包括提高学生的自主思维、创新思维、实践技巧、团队协作精神等。这些都有助于孩子的发展，提升其独立性、创造力、实践技巧，并培养其对国家、社会、民族的贡献责任意识。在培养学生的独立思考能力和创造力的过程中，必须考虑到学生的个人需求，并且保证学生都得到充分支持的前提下，才能让每名学生得到充分的发展。学生应该有机会在不断进步的道路上迈出坚实的步伐。高校的教育旨在帮助学生在不断的探索中获得更好的知识，并且在互相帮助的基础上，促进彼此的共同进步。高校通过进行有效的数据资源的流通，建立起一个有利于学生健康成长的生态系统。因此，生态教学致力于帮助学生实现自身的潜力，并促进整个系统的健康发展。

2. 高校英语课堂的生态系统属性

生物学与非生物学自然地完美融合，构成了一种复杂的生态系统。这个生态系统有三大基本要素：第一，其结构包括生物群落与自然界，这些生物学环境之间存在着复杂的交互关系；第二，其中包括物质的转化、能量流通和信息的传递三大功能；第三，其中还包括其独立的调控、组织机制。有学者指出，高校英语课程与其他类型的课程不同，它们都拥有许多共同的特点。高校英语教育应该被看作一种完整的系统，它包含许多不同的要素，都在不同的水平上发挥着各自的作用。英语教学体系是一个完整的大体系，它不仅涵盖了所有的内容，而且还包括了一个微小的、复杂的、多样的生态环境。

英语课堂是由教师、学生、教学环境等要素组成的整体。其中整体内部各个要素都有着独特的功能，通过交流和合作，我们可以建立起一个完善的、高效的、协调的、多元化的课程。每个要素的独立工作和协同工作使得我们的课程变得更加完善和高效。

在高校英语课堂上，可以看到一个复杂的生态系统，它由许多不同的元素构成。例如，教师、同桌，以及周围的非生物因素都在不断地影响着我们的课程。相比之下，课程生态更像一种复杂的社交网络，它的能量传递主要依赖于人类的思考能力，以及教育行为的影响力。从本质上讲，教育行为就像一种能够激发学习的机制，让学习变得更加高效、互助。只要能够充分利用教育资源，就能够让学习变得更加高效、更加充满乐趣。当教师和同学通过接触课程和其他活动来获取知识和技能，就像食品和水一样，被视为需求方。如果这些人将这些知识和技巧转化成行动，则在课堂环境下教师与学生可以被认为扮演着三种角色：创造者、受益者与分解者。

3.高校英语生态课堂的构成要素

生态系统（ecosystem）是指在一定的范畴（范围内）存在的生物和环境互相影响的、能够转换能量、物体反复吸收以及消息更迭的整体，它的基础方面是生命体系里每一个因素互相的联系、影响、作用方面的协调。在自然环境中，但凡在一定范围内生存的生命体及非生命体都会互相影响，形成一些技能上的固定性，即使是非常短的时间内的，该全部体系就能叫作生态体系。

生态课程是从生态学的角度、观点及手段来观看、思索、辨析的课程。课程是通过生命体和它所存在的生活场景一起构成的体系的全部。在这个体系中不但有生命体互相之间的亲密关系以及互相依赖，还有生命体和场景，也可以说是和场景里的别的生命体互相之间的关联及影响，它们在一起生存过程中通过协作构成了生命共同体。课程按照生态体系的组成元素来说大致涵盖了课堂生态对象、教育消息以及课上生态场景等。

课堂生态对象涵盖了教师和同学。自然界的生态体系里包含三种组成元素，即生产者、消费者、分解者。涉及课上生态体系，由文化的"给予—吸收"层面来观察，课上的教师以及同学的关系是生产者和消费者的关系，教师属于完善信息及踊跃组织的领路人，同学们被视为吸收文化，属于消费者一类，可是同学们不是在等着"汲取"文化，会利用文化以及现有的阅历进行混合及适应，自动踊跃地展开创建。教师和同学们在上课时经过互相影响形成了教师和同学的联系，以上联系一直处在某种变化之中，遵守生态学的"守恒—非守恒—守恒"循环往复的流程。

教育消息就是授课的具体知识。教育消息是课上授课的枢纽，也能算作课上生态体系里的"食物链"。它是能够让生态体系持续地充满朝气和希望的枢纽，其限制了在该生态体系里的每一个元素相互间的等级联系和产生的影响。在课上的生态体系里面，教师和同学们的关系就受限于"食物链"，在教师和同学周围以及同学和同学周围或是教师同学和场景周围都是通过信息的完善以及传播来促使课上生态体系能够保持守恒。但凡缺失了信息的传播，缺少了通过信息传播创建的联系，那么该课程就会变成无根之木。在整条食物链里，教师和同学们的位置是公平一致的，不会出现优劣之分。

4. 高校英语生态课堂的本质分析

高校英语生态课程也很注重人的生命的进步。人的生命进步是多角度的，最先应该注重的是同学自身的进步。同学自身的进步重点表现为自身的生理心理共同进步、坚持乐于探索、加强对于知识的渴望、在不一样的场景里查找难点、清除阻碍的水平、同别人进行沟通、协作的水平，还包括在国家、社会以及民族层面的自豪感。同学自身的进步还涵盖了自我反思的技能及创造性水平的进步。

（二）高校英语生态课堂的基本特征

研究者以生态系统的特点为基础来剖析生态课堂的特点，能够站在单一视角以及关联视角进行剖析，如生态课堂具备了开放规律、互利共赢、多重性以及可持续性等优势；站在关联视角分析生态课堂属于整体关联和动态平衡的和谐共生、多样性的共存、协调共生的一致、开放性和交错性的一致、有限性和无限性的一致、区别性和规范性的一致。

生态课堂属于一种新型的课堂形式，对于自身基础特点的阐述意见也有所区别，可是这些生态课堂的特点在总结时出现很多相似之处，在课堂中表现为开放性、多重性、全局性、共存性以及可持续性。生态系统的最关键特点之一就是开放性，其中生态课堂也具备了这一特点。课堂的开放性指的是课堂在持续地自我完善时需要经常和外界环境开展物质、资讯以及技能的互换，以便于满足自身的革新和优化，然而在课堂内部也存在着不同因素之间的互相影响、互相调和，争取达到课堂整体最佳状态。

课堂的开放性重申课堂并不是一个独立存在的个体，是需要依赖于外界环境并且保持密切关联的。生态课堂的开放性可以详细地划分为三类，分别是处境、生态对象以及课程的开放性。处境的开放性，不仅指课堂生态对象所生存的现实处境的开阔和通达，还指课堂处境和课堂外不同体系间维持着亲密的关联，让课堂不只限制在教室内。生态对象的开放性，重点是指被当成课堂生态对象的教师和学生在上课时所坚持的灵魂世界应该是能够和别人或者外部共享的，可以完成互相间的了解和视觉共享。课程的开放性，大致分为课程内容的开放性以及开展课程的开放性等。所说的课程内容的开放性指的是课程涵盖了教材资料、思想资料以及生活资料等很多层面，展示课程形式的多样性。所说的课程开展的开放性，其本质上能够解释为授课的开放性，重点表现在教学宗旨、教学历程以及教学成果的开放性等。

1. 多样性

多样性不只是保持课堂生态系统均衡的一个重要元素，还是生态课堂中的一个关键特点。生态课堂的多样性重点表现为：上课过程中学生的多样性、理论知识的多样性、教学形式以及点评方法的多样性等。

（1）学生的多样性

在日常生活中，我们无法找出拥有一模一样的个性特征的学生，因为每个独立的个体在生理或者生活经历方面都有所区别，所以也就造就了属于自己独特的个性特征，会被区分为含蓄内敛、开朗外向的个性等，情绪控制能力也会有所区别。在上课时，群体是性格各异的，在进行信息的互动以及分享时，不同个性的人所做出的行为指向也是大不相同的，有些学生热情奔放，有些学生含蓄内敛等。

（2）文化的多样性

生态课堂中所涉及的学生、教师、课本、非课本等不同层次的文化，互相结合之后形成了新的多样性的文化空间。学生文化重点表现为学生自身具备了属于自己特殊的"个体知识"以及"个体文化"。在上课过程中教师文化所处的位置也是十分关键的，教师因为自身具备专业性而能够对课本文化进行规范化讲解。在上课过程中不同的文化之间不仅可以互相融会贯通，同时也有可能会相互对立。

（3）课堂教学的多样性

生态课堂在教学宗旨方面，不仅注重三维宗旨，还注重预设宗旨以及不一定会产生的非预设性宗旨。在教学形式方面，强化课程内容和现代社会科技以及学生所处的社会环境的关系，重视学生学习的爱好以及经历，慎重选择学生毕生学习所需要的基本文化以及技术，培育学生收集以及处置信息的技能、获得知识的技能、剖析及处理问题的技能、沟通和协作的技能；在教学方式方面重视不同的方式在上课时的运用，从不同的视角指引学生进行思考；在教学展示方面，注重学生主动学习、协作学习、探索学习；在教学结构方面，充分进行教师和学生以及学生和学生之间的沟通、协作互动；在点评方面，进行多方面、多角度总结性的点评。

2. 可持续发展性

可持续发展是和谐生态环境的重要特征，也是当今人才发展的核心素质之一。生态课堂一方面担负着培养学生可持续发展意识的重任，另一方面还是培养学生可持续发展能力的重要途径。在生态课堂中，不仅要让学生学会知识，更重要的是要让学生把知识内化为方法和技能，使之具备终身学习和可持续发展的能力和意识，培养学生立足社会所必备的能力和素养。

二、教育信息化时代高校英语生态课堂构建策略

（一）以"适应性"为基础，避免"花盆效应"

1. 突破空间"局限性"束缚，注重教学环境构建的"适应性"要求

高校英语教学的目标之一就是拓宽学生们对英语国家社会历史文化的认识，从而对时代文化的发展背景增强了解，从本源上寻求语言自身所带有的"艺术性"，挖掘培养学生对英语的学习能力。高校英语课堂教学的"花盆效应"主要就是因为空间的限制，这种局限性对英语的内涵渗透起到了束缚的作用。而生态理念则有所不同，它是从艺术与文化的角度出发，尽可能地挖

掘出了其自身所拥有的文化与艺术价值。落实生态理念应当实施交际英语这一重要手段，应将高校英语教学与实际应用相结合，提高英语课堂教学的应用价值，与"国际化"的发展接轨，达到一种紧密的状态，更好地展现高校英语生态课堂教学所具有的"适应性"。

2.从自然语言环境出发，构建"生态和谐化"教学常态

要想达到"实用性"这一目标，并促使学生的语言体系规范化，就要对学生进行外在的刺激与引导，但是这都要在遵循相对应的自然发展规律的前提下，才能更好地构建一个语言体系。对于培养学生的语言能力"长久性"来说，"花盆效应"没有任何积极作用，也体现不出其教学理念的根本宗旨。由此看来，"生态和谐化"这一特征应该在语言环境及氛围的构建过程中有所显现，并逐步将其进化为一种稳定的教学常态，培养学生语言能力的重要途径是积极引导学生形成一个自然语言体系，并实现外在因素的有效转变，这样才能更好地增强学生的语言能力。

（二）贯彻教育教学生态理念，探究高校英语生态课堂教学的功能性

1.有效评估高校英语生态教学对其环境因素的忍受程度

谢尔福德耐受性定律就是指耐度定律或忍受法，是1913年美国著名生态学家谢尔福德提出的，他表明任何生物对于适应的环境都有一个阈值，即处于最小承受值和最大承受值之间的生物才能够生存，也可以理解为某一事物承受能力的最大限度。高校的英语课堂教学活动不是无限度、无节制进行的，也不是只培养能力这一片面的模式，生态理念是将教学环境和教学模式结合在一起的应用，联系高校学生对于所能承受最大限度的英语环境作出评估，为了使之更加适应生态课堂的理念，应在课堂教学中加入交际英语，培养学生的英语交际能力。这样可以积极地帮助学生学习语言并且形成正确的语言体系。构建高校英语课堂的重要支撑是生态理念，高校英语课堂生态形成模式及环境是至关重要的，它能够让课堂标准化，由此构建科学、完整的高校英语课堂教学。

2.肯定高校英语生态课堂设置的"科学性"

高校英语生态课堂教学有一个最适度原则,即处于最大阈值和最小阈值中间的最好效果区域,利用这种最强效果的方法和原则,融合多样化的教学手段,增强学生对于语言"广泛性"艺术的认识和对于课堂"现实性"教学的理解。最适度原则的运用会对课堂产生积极的效果,并能深入地探究教学对象,合理地转换课堂气氛,必要地推动生态课堂教学,从而实现高校英语生态课堂教学的科学性。这是设置生态课堂教学的主要表现之一,在逐步实现"科学性"课堂这一目标的过程中,需要与时俱进地对高校英语生态课堂教学模式进行创新和发展,教学理念对生态教学产生了积极的影响作用,生态教学的发展也对教学理念的发展提供了保障,从而促进高校英语课堂融合生态理念不断强有力地发展。

3."顺应性"理论在高校英语生态教学中的现实意义

为了全面培养高校学生英语交际的能力以满足"艺术性"的语言文化特色,高校开展了英语生态课堂教学,深刻挖掘语言的现实功能,凸显了高校英语课堂教学的生态理念中语言文化的"主体性",以"春雨润无声"的方式培养了高校学生的语言交际能力。"顺应性"教学理论本质上仍在阐述高校课堂教学中对于英语交际能力的培养,这样能够让大众更为全面地认识到"艺术性"的语言文化的现实功能,并能够使之在高校英语课堂教学中展现得更为具体,也出现在高校英语课堂教学的前提构成因素中。

（三）以课堂教学协调发展为目标,体现可持续发展的生态教学理念

1.落实多元生态化课堂教学观念

从课堂教学的思维角度出发,扩展"科学性"的生态理念是创建生态理念的重要关键因素,使生态课堂的理念和建设持续不断发展和创新。全面分析学生的语言学习需求是完成生态课堂目标的重要基础,在当今国际化英语交际的趋势之下,高校应当着重培养学生的现实交际能力,加强语言使用的"实用性",促使生态理念的思维紧密、充分,从而推动课堂教学的和谐发展和品质提升,以满足当今社会对于高校学生发展的需求,对于高校英语教学

生态理念也拥有积极的影响作用,因此生态教学理念得以可持续地发展,为推动高校英语教学发展奠定了坚实的基础。

2. 打造生态教学"系统化"

发展构思的重点是高校英语课堂教学方法和内容实现多元化,从而持续提升高校学生心理逻辑能力和学习的自觉主动性,逐渐深化高校学生对于语言艺术以及文化背景的认知。高校英语生态课堂教学观念的创建,应该对教育体系更加彻底地加以完善。站在宏观视角的主要做法是将教学组织内容和教学形式持续延伸;站在微观视角应该充分强化语言艺术和语言文化的融合历程,让生态教学变为促进高校英语课堂协调发展的核心思维观念。此观念所表现的系统性特征尤为明显,与传统的应试教育观念具有明显差别,它提出了能符合新时代教育环境标准的有效方法,使其能够保证语言艺术和语言文化突破国界的限制,提升高校英语课堂的教育发展价值。

3. 以体系构建为高校英语生态教学核心

传统的高校英语课堂教学重点关注教学内容,可是关于本质性的探究还存在缺陷,课堂气氛以及课堂场景的优化难以达到良好的效果。生态教学观念是以提高课堂上所教授的主体的选择性和研究性为起点,增加课堂交流内容和利用价值的创新性探究,加深高校学生对于英语语言知识的认识深度,同时在更大范围内宣扬语言文化所具备的艺术特点。此为新阶段内高校英语课堂教学系统创建的基础宗旨,展示出生态教学观念对于高校英语课堂教学更为深远的意义,帮助课程系统创建高效的逻辑根基,同时也能够在最大限度上表现其所具备的战略内涵。

第三节　教育信息化时代高校英语ESP教学创新

一、ESP教学

随着国际化交流的不断发展和深入，专业技术人员在专业领域内的跨文化交流能力越来越重要。培养具有较高专业技术水平以及英语应用水平的"专业+英语"的国际化复合型人才成为我国高等教育的新目标。专业英语教学对培养毕业生专业领域内的英语沟通及应用能力起着重要的作用。

ESP是 English for Specific Purposes 的简称，中文翻译为"专门用途英语"。这一门学科起源于20世纪60年代，是建立在英语知识与专业需求基础上的应用型学科。在我国，当前很多院校兴起了高校英语ESP教学，因为其应用性极强，所以受到了各大高校的重视。

（一）ESP的定义

ESP教学法全称为"专门用途英语，"它是指适应某一特定专业而使用的英语语言及教学。ESP兴起于20世纪60年代，它以功能主义语言观为基础。在20世纪60年代以后，西方陆续出现了关于ESP理论的相关著作。

韩礼德（1963）对ESP作出的定义为："English for civil servants; for policeman; for official of the law; for dispensers and nurses; for specialists in agriculture; for engineers and fitters."

哈钦森和沃特斯（1987）进一步丰富了ESP理论，将其划分为以学习学科知识为主要目的的学术英语（EAP）和以职业需求为主要目的的职业英语（EOP）。

斯蒂文斯（Strevens，1988）在此基础上进一步明确了ESP理论的四个主要特征：（1）课程设置必须满足学生的特定需求；（2）学习内容必须与特定学科的专业和职业相关；（3）词汇、句法和语篇与特定专业、职业的语言运用相符合；（4）与普通英语完全不同。

20世纪70年代，ESP在我国逐渐受到关注，杨惠中（1978）将科技英语与普通英语进行区分，提出了专门用途英语的概念。

张义斌（1985）将ESP理论与EST作出了对比，进一步明确了ESP理论运用的环境与条件。

20世纪90年代后，随着经济的对外开放与国际交流的需要，对于复合型人才的需求越来越明显，ESP教学法成为高校英语教学中的热点话题。然而，受制于我国特殊英语教材及教学资料的缺乏，以及特殊英语教育教学人才的短缺，将ESP理论应用于高校英语教学实践任重而道远。

（二）ESP教学基本原理

ESP教学法旨在以学生的专业、职业、兴趣为导向，进行特定学科的英语教学。根据克拉申"情感过滤假说"，语言的学习受情感因素的影响较大。学生通常对自己所选择的专业、职业具有较大的兴趣与较为深入的理解，在进行与本专业相关的二语学习时，对于语料、语境与教学素材均较为熟悉，能在一定程度上避免情感冲突。ESP教学法能够更好地将学生的专业学习与社会求职需求相联系，帮助学生在夯实专业基础的同时，具备本专业言语交际能力，克服EGP（English for general purpose，通用英语教学）所带来的"哑巴英语"现象。ESP教学法主要实施阶段为大学阶段，本阶段学生经历过多年EGP教学，英语听说读写及语法基本素养已经养成，在此阶段的学生，通过ESP教学法，针对性地进行与本专业相关的词汇、对话训练，并阅读大量与本专业相关的学术材料，语言综合能力将会得到提高，学生也能更好地适应就业市场，满足市场对复合型人才的要求。

二、教育信息化时代高校英语ESP教学创新策略

（一）课前的预习及准备阶段

制订教学目标和教学内容，明确教学的重点和难点。根据ESP和翻转课堂的特点，教师在制订教学计划时应将基础知识制订在课前的学习阶段，而专业知识的运用则在课堂讨论阶段中体现。

1. 制作教学课前视频

教师应根据教学单元的要求，采用微课及微视频等形式，制作小视频，丰富教学内容。教学视频的内容应包括专业知识背景、专业英语词汇、语法知识、案例分析等。为了促进学生的自主学习，教师在制作视频时还应设计提问等环节，让学生尝试、比较、反思，加深理解。学生在课前完成基础知识的自主学习时，可根据自己对知识的掌握进度，自行控制视频的播放进度，实现个性化的课前自学。在完成课前学习后，学生应带着问题去思考，这样学生的求知欲望会提高，能够积极地回答问题，可以在课堂上与教师形成互动，从而大大提高了课堂效率。

2. 课前沟通讨论

课前学习内容和要求是通过QQ群、微信、腾讯会议或是钉钉等方式发布的。发布后，教师还可以在开课前一天及时掌握学生的信息，同时针对某些问题进行初步的交流。

（二）课中的教学及互动阶段

1. 检查学生课前预习效果

教师应在开课前通过提问或是小测验等方式进行学生预习效果的检查。一方面通过这种问答的方式让教师掌握学生的学习程度，另一方面可以督促学生完成课前的学习工作。教师讲解课程的重点和难点，在通过提问的方式了解学生的原有知识状况和技巧后，采取"导""联"的教学方法，用富有启发性的教学方式和教学语言多角度地启发学生，使之发生多

方联想而有所感悟。此时，教师要根据教学难点的多样性，思维方式的多向性，改变引导方法，以便加深学生对相关知识点的理解。同时，教师还需要考虑应用及专业知识的拓展，如ESP也需要结合专业知识来进行讲授。

2. 课堂讨论以便学生相互学习

根据教材内容的难点、重点、容易出错的地方，让学生探究并进行分组讨论。学生可以在"辩论"中增强自信，拓展教材内容。讨论结束后，上交书面讨论结果或是公开发表意见，这样不仅是对已有的知识再现，又是对新知识的创新，以达到将学习的内容应用到实践的目的。此外，教师要根据每组的共性问题进行解答，再巡回解答各小组的特定问题。在课堂接近尾声阶段，教师要及时了解学生对知识点的掌握程度，以便改变学生的培养模式和优化课程体系。

（三）考核和评估

根据课程进度，对学生每章节进行考核，提高学生学习ESP词汇的效率，从而培养本专业的创新人才。

参考文献

[1]（美）露丝·科尔文·克拉克，理查德·E.梅耶.数字化学习原理与教学应用[M].北京：中国科学技术出版社，2021.

[2]蔡基刚.中国大学英语教学路在何方[M].上海：上海交通大学出版社，2012.

[3]陈玲.移动互联下的高效教学模式[M].北京：中国科学技术出版社，2020.

[4]陈细竹.网络时代英语自主学习与教学研究[M].北京：北京日报出版社，2019.

[5]陈阳芳.中国大学生英语口语自主学习动机培养研究[M].上海：上海交通大学出版社，2019.

[6]窦国宁.创客教育理念下的大学英语教学理论与实践[M].北京：企业管理出版社，2021.

[7]冯智文.深化大学英语教学改革探索与研究[M].昆明：云南大学出版社，2013.

[8]付道明.数字化学习的优化设计与效果研究[M].厦门：厦门大学出版社，2016.

[9]黄雪梅.现代教育技术下的新型大学英语教学模式研究[M].长春：吉林出版集团股份有限公司，2018.

[10]蒋景东，金晶.高职学生英语学习阻碍机制应对策略"协同"研究[M].杭州：浙江大学出版社，2015.

[11]康莉.跨文化视角下的大学英语教学：困境与突破[M].北京：中国社会科学出版社，2014.

[12]李宪美.大学生外语学习焦虑研究[M].合肥：合肥工业大学出版社，2014.

[13]刘蕊.教育生态化视角下高校英语教学创新研究[M].长春：吉林出版集团股份有限公司，2021.

[14]栾岚.移动学习理论及其在大学英语教学中的应用研究[M].哈尔滨：哈尔滨工程大学出版社，2017.

[15]莫英.信息化背景下大学英语教学改革与创新思维[M].成都：四川大学出版社，2018.

[16]任彦卿.基于移动学习系统的大学英语教学研究[M].长春：吉林人民出版社，2019.

[17]（美）韦恩·霍姆斯，玛雅·比利亚克，查尔斯·菲德尔.教育中的人工智能：前景与启示[M].冯建超，舒越，金琦钦，王铭军，译.上海：华东师范大学出版社，2021.

[18]史利红.大学英语教学中学习拖延问题研究[M].北京：北京理工大学出版社，2019.

[19]苏一凡.多模态英语教学理论与实践[M].北京：中华工商联合出版社有限责任公司，2022.

[20]苏勇，孙世利，毕崇涛.数字化外语教学研究[M].北京：北京航空航天大学出版社，2009.

[21]谭丁.英语教学与就业能力培养[M].延吉：延边大学出版社，2022.

[22]童琳玲，祁春燕.演进与变革网络环境下的英语教学研究[M].北京：团结出版社，2017.

[23]王辉.基于移动互联网环境的大学英语词汇习得模式研究[M].成都：四川大学出版社，2019.

[24]王欣，孙珊珊.英语专业教育改革课程思政与价值引领[M].上海：上海外语教育出版社，2022.

[25]王志敏.外语学习动机激发策略的理论与实证研究[M].北京：光明日报出版社，2014.

[26]文旭，徐天虹.外语教育中的课程思政探索[M].重庆：西南师范大学出版社有限责任公司，2021.

[27]吴秉健.教师网络学习共同体与英语教学数字化融合创新[M].北京/西安：世界图书出版公司，2019.

[28]杨静.现代信息技术优化外语教学研究[M].西安：西北工业大学出版社，2019.

[29]杨涛.外语学习倦怠与动机关系研究[M].北京：科学出版社，2015.

[30]于永昌，刘宇，王冠乔.大数据时代的教育[M].北京：北京师范大学出版社，2015.

[31]俞婕，魏琳.数字化时代大学英语翻转课堂新探索[M].北京：冶金工业出版社，2022.

[32]俞丽芳.基于应用型外语人才培养的专门用途英语ESP教学探析[M].成都：电子科技大学出版社，2018.

[33]臧庆.英语教学与文化融合[M].北京：北京工业大学出版社，2020.

[34]战德臣.MOOC+SPOCs+翻转课堂：大学教育教学改革新模式[M].北京：高等教育出版社，2018.

[35]张春艳.终身学习时代背景下的英语移动学习[M].长春：东北师范大学出版社，2018.

[36]张娇媛.高校英语混合式教学与信息技术应用[M].天津：天津科学技术出版社，2019.

[37]张墨.信息时代背景下大学英语教学方法整合新探[M].长春：吉林出版集团股份有限公司，2021.

[38]张亚锋，刘思佳，万镭.专门用途（ESP）英语教学的探索研究[M].西安：西北工业大学出版社，2019.

[39]赵常花.媒体融合视角下的大学英语教学理论与实践研究[M].北京：企业管理出版社，2020.

[40]郑茗元，汪莹.网络环境与大学英语课程的整合化教学模式概论[M].北京：中国水利水电出版社，2015.

[41]钟玉芹.大学英语混合式教学探究[M].北京：电子工业出版社，2017.

[42]周文娟.大数据时代外语教育理念与方法的探索与发现[M].上海：上海交通大学出版社，2014.

[43]白雪."新时代"大学英语课程设置研究[D].上海外国语大学，2020.

[44]谌彦利.线上线下融合模式在英语教学管理中的应用研究[D].华东师范大学，2023.

[45]邓晓媛.高校外语教学大赛中综合英语课堂的多模态话语分析[D].中北大学，2022.

[46]丁玲.高校本科英语学习者的翻转课堂满意度及其影响因素研究[D].南京邮电大学，2020.

[47]韩紫薇.基于职业能力培养的高职公共英语教学改革研究[D].海南师范大学，2022.

[48]何曦.混合式学习环境下非英语专业学生英语学习适应性研究[D].重庆大学，2020.

[49]李敏.全人教育视阈下新时代我国大学商务英语教学方法创新研究[D].西南大学，2020.

[50]李洋.信息技术与课程整合视角下高校英语听说课程的教学优化设计[D].沈阳师范大学，2021.

[51]林海明.高校英语学习者关键能力的影响因素研究[D].西南大学，2022.

[52]刘欢.民办高校大学英语在线教学实施情况的调查研究[D].南昌大学，2022.

[53]卢珊珊.高校外语专业课程思政问题研究[D].安徽师范大学，2020.

[54]芦婧.职前英语教师的信息化教学能力调查研究[D].华东师范大学，2021.

[55]闵陈震.高校学生外语学习重构性动机的调查研究[D].南京邮电大学，2021.

[56]彭丽华.基于自带设备的高职英语交互式教学模式研究[D].南昌大学，2023.

[57]祁莹莹.混合式教学模式下高校英语课堂设计案例研究[D].山东师范大学，2019.

[58]曲晨晖.高职院校公共英语课程教学现状与策略研究[D].河北师范大学，2021.

[59]全馨.高校英语专业教师教材观个案研究[D].北京外国语大学，2023.

[60]施龙凤.外语类专业《综合英语》课程思政评价路径研究[D].华北电力大学，2022.

[61]石梦珂.在线教学模式下高校英语教师评价素养调查研究[D].河北大学，2022.

[62]宋金艳.高校公共英语课程思政研究[D].武汉轻工大学，2021.

[63]宋卓然.大学英语教学生态系统优化策略研究[D].东北石油大学，2021.

[64]宿哲骞.高校公共外语教师职业倦怠现状、成因及干预研究[D].东北师范大学，2022.

[65]孙红杏.基于VR技术的中职英语教学研究[D].河南科技学院，2020.

[66]汪婷.大学英语课程思政优化路径研究[D].江西财经大学，2023.

[67]王国英.民办高校非英语专业大学英语课堂教学语言英汉比例分析研究[D].西北大学，2021.

[68]闫潇.新时代背景下高校英语教师课程思政认知探究[D].西安外国语大学，2021.

[69]杨利阳.大学英语课堂教学活动设计的认知特征研究[D].南宁师范大学，2021.

[70]于文静.大学英语课程思政建设策略研究[D].东北石油大学，2023.

[71]于子帧.优秀大学英语教师信念及其特点的研究[D].内蒙古师范大学，2019.

[72]张雪良.高职高专英语教学中融入思想道德教育研究[D].安徽医科大学，2021.

[73]赵炜.高校本科生学术英语阅读课程设计研究[D].西南大学，2020.

[74]智文静.高职院校英语教学质量评价现状与对策研究[D].河北师范大学，2020.

[75]朱惠莲.复杂理论视角下高校英语专业教师关于思辨能力教学的信念及其实践[D].北京外国语大学，2021.

[76]丁吉娅.教育信息化视域下人工智能与高校英语教学的融合发展[J].教育信息化论坛，2023，（09）：3-5.

[77]董明莉.教育信息化背景下初中英语阅读教学的问题及对策——以"八桂教学通"为例[J].广西教育，2023，（28）：104-106.

[78]冯园园.基于新媒体技术的高职英语教育发展路径探究[J].校园英语，

2023，(49): 67-69.

[79]郭笑宁."互联网+"时代高校英语教育优化与创新[J].中国新通信，2023，25(11): 191-193.

[80]姜军.信息化背景下探索大学英语教学模式改革——评《基于现代教育技术的大学英语教学改革路径探析》[J].中国高校科技，2023，(05): 106.

[81]解睿.大学英语信息化教学的"内卷化"困境及破解路径探究[J].兰州交通大学学报，2022，41(02): 177-181+186.

[82]赖龙轮.基于教学云平台下的高中英语多维教学模式研究[C]//新课改背景下课程理论与实践探究（第二辑）.新课程研究杂志社，2022.

[83]李洁.教育信息化背景下大学英语混合式教学模式构建与实践探究[J].教书育人（高教论坛），2023，(03): 107-109.

[84]刘伊娜.教育信息化背景下大学英语混合式教学模式构建与实践研究[J].海外英语，2023，(12): 147-149+156.

[85]闵雨霖，李思.探究信息化教育下移动学习工具在大学英语混合式教学模式中的应用[J].海外英语，2022，(11): 126-127.

[86]戚萍萍，王玉峰.基于智慧教学环境的大学英语多模态混合式教学体系构建[J].现代英语，2022，(16): 13-16.

[87]乔万俊，赵二庆.教育信息化背景下高职院校英语教学改革路径探索[J].海外英语，2023，(08): 216-218.

[88]乔万俊.教育信息化背景下高职院校英语教师专业发展研究[J].创新创业理论研究与实践，2023，6(10): 130-132.

[89]任波.信息化背景下大学英语教学改革创新[J].校园英语，2023，(25): 43-45.

[90]孙翠敏.教育信息化背景下高校大学英语教师信息化教学能力调查现状分析[J].海外英语，2023，(01): 152-153+156.

[91]田铁军.信息技术赋能高校英语教学：瓶颈与突破[J].中国信息技术教育，2022，(22): 106-109.

[92]田梓辰.高职英语信息化教学实施方略[J].甘肃教育，2023，(18): 66-70.

[93]王娇.教育信息化背景下公安院校大学英语混合式教学的改革[J].学

园，2023，16（19）：16-18.

[94]王琳.信息化时代高校英语教学融合思政教育发展探究——评《高校英语思政教育理论与实践》[J].外语电化教学，2023，(04)：111.

[95]王强.全媒体时代大学英语智慧教学模式创建策略探析[J].新闻研究导刊，2022，13（19）：188-190.

[96]王文珺.专门用途英语教学改革实践探究——以警务英语为例[J].中国多媒体与网络教学学报（上旬刊），2022，(07)：45-48.

[97]魏颖.教育信息化2.0背景下高职英语混合式教学模式探究[J].海外英语，2022，(14)：218-219.

[98]吴锡艳，佟靖.信息化背景下智慧教学环境中英语词汇多模态叙事教学研究[J].中国新通信，2022，24（20）：191-193.

[99]武婧琦，陈俊.教育信息化背景下大学英语教师信息素养提升路径研究[J].英语教师，2023，23（03）：78-81.

[100]谢晓慧.教育信息化背景下高职公共英语教学创新研究[J].知识文库，2023，39（18）：89-92.

[101]薛美薇.教育信息化时代高校英语教师信息技术应用能力提升研究[J].牡丹江教育学院学报，2022，(10)：44-45+120.

[102]薛舒.教育信息化背景下综合英语课程群在线教学资源建设研究[J].湖北开放职业学院学报，2023，36（12）：151-152+156.

[103]尹鹭蕾.教育信息化背景下高职英语教学改革与实践探索[J].英语广场，2023，(17)：113-116.

[104]游淑华.教育信息化背景下英语"线上线下"教学实质等效研究[J].试题与研究，2022，(19)：120-122.

[105]于欣宏.教育信息化环境下大学英语教学模式创新研究[J].山东商业职业技术学院学报，2022，22（03）：39-42.

[106]曾荣.新时期高校英语教育信息化探索——评《高校英语信息化教学研究》[J].中国科技论文，2023，18（03）：356.

[107]朱生宏.教育信息化3.0背景下高中英语线上线下教学的融合[J].甘肃教育，2023，(22)：79-82.